JN103842

ライブラリ わかりやすい心理学 ▶6

わかりやすい
パーソナリティ心理学

榎本 博明 著

サイエンス社

は じ め に

　この本は，パーソナリティ心理学をはじめて学ぶ人を想定し，基本的な事項をわかりやすく解説した入門書です。ただし，多くのテキストにありがちなように，実験や調査の結果をただ羅列するのでは，なかなか理解が進みません。そこで，それぞれの知見が何を意味するのかがよくわかるように，日常生活と結びつけた記述を心がけました。

　パーソナリティ心理学とは，個人の心の動きや行動の背後にある法則性を明らかにしようという心理学のことで，性格心理学とも言います。パーソナリティという言葉にはなじみが薄いかもしれませんが，性格というと私たちが日常生活でよく使う言葉なので，イメージが湧きやすいでしょう。この本では，日常生活で用いている性格をパーソナリティと言い換えて，その法則性を探求する心理学について，わかりやすく解き明かすことにします。

　私たちは，さまざまな人たちとかかわりながら暮らしています。そのなかで，「あの人と自分は似ているな」と感じることもあれば，「あの人は自分とは全然違うタイプだな」と感じることもあるでしょう。そこで想定されているのがパーソナリティです。困るのは，相手が想定外の反応をしたり，相手の反応が予測できなかったりするときです。そんなとき気になるのが，その人のパーソナリティです。「いったいなぜそんな反応をするのか？」「あの人はどんな反応をするだろうか？」そんな疑問に対して，何らかのヒントを与えてくれるのがパーソナリティ心理学です。

　特定の人物に関して，「あの人はどうしてあんな性格になったのだろう？」「ずっと前からああいう性格なのだろうか？」「この先もずっとあの性格は変わらないのだろうか？」といった疑問が湧くこともあるでしょう。そこで問題になるのは，遺伝と環境の問題ですが，これについてもパーソナリティ心理学では多くの知見が得られています。

　まず第1章では，パーソナリティとは何かについて解説し，パーソナリティ心理学の起源についても簡単にふれます。

　第2章では，パーソナリティをとらえる際によく用いられる類型論と特性論について解説します。日常生活で何々タイプなどとよく言われるのは，類型論に基づくものです。現在よく用いられているパーソナリティ検査は特性論に基づいています。

　第3章では無意識の世界にまで斬り込む精神分析学的パーソナリティ理論，第4章では環境や経験を重視する学習理論的パーソナリティ理論，および物事のとらえ方を重視する認知理論的パーソナリティ理論，第5章では本人の価値観や意味の探求を重視する人間性心理学的パーソナリティ理論，および具体的なエピソードから生き方の特徴をとらえようとする物語論的パーソナリティ理論について解説します。

　第6章ではパーソナリティの形成要因，第7章ではパーソナリティの発達について，遺伝要因や環境要因も絡めながら検討します。

　第8章では，対人関係にあらわれるパーソナリティの特徴について，エゴグラムや自己開示，自己モニタリング，対人不安などを素材に解き明かし，第9章では，他者のパーソナリティを判断する際の手がかりについて，ともすると陥りやすい誤りも含めて解説します。

　第10章では，パーソナリティ障害などの病理や健康なパーソナリティの条件について解説します。

　第11章では，文化によるパーソナリティの違いに関するさまざまな研究を紹介するとともに，日本人のパーソナリティの特徴についても解説します。

　第12章では，代表的なパーソナリティ検査を紹介します。

　できるだけわかりやすく解説したつもりですが，自分自身の日常生活を振り返りながら読んでいただけたら，いっそう理解しやすくなると思います。

　最後に，このライブラリの企画およびこの本の執筆に際してお世話になったサイエンス社編集部の清水匡太氏に心から感謝の意を表します。そして，この「ライブラリ わかりやすい心理学」が，多くの読者の役に立つことを願っています。

　2020年1月

榎 本 博 明

目　　次

1

パーソナリティとは
何か

1.1 パーソナリティへの関心

1.1.1 気になる相手の反応パターン

私たちは人とのかかわりの世界を生きています。生まれた瞬間から親をはじめとする家族とのつきあいが始まります。成長するにつれて，近所の友だちやその家族，保育園や幼稚園の先生や友だち，その友だちの家族というように，つきあいの範囲は家族外にどんどん広がっていきます。

周囲の人とどうしたらうまくつきあっていけるかは，幼い子どもだろうが社会人だろうが，だれにとっても非常に重大な関心事といえます。そこで気になるのが目の前の人の感受性や思考，行動のパターンです。相手の反応が予測できれば，それに合わせて自分の出方を調整することができます。初対面の相手とのつきあいで気疲れするのは，相手の反応が予測できないからです。もちろん初対面の相手でなくても，人の感受性や思考，行動のパターンを予測するのは容易ではありません。日頃から接している身近な人物が相手の場合でも，思いがけない反応に戸惑うこともあるでしょう。冗談のつもりで言った言葉が相手を傷つけることもあれば，喜ぶだろうと思って誘ったのに相手を悩ませてしまうこともあります。わかってもらえると思ったのに，わかってもらえなかったり，怒らせてしまったりすることもあるはずです（図1-1）。

そこで求められるのが，人の反応パターンを予測するための知恵です。

1.1.2 個人内にみられる法則性

周囲を見回すと，じつにさまざまな人がいます。いつも機嫌がよい人もいれば，不機嫌な人もいます。からかわれて笑っている人もいれば，怒り出す人もいます。同じ人物でも，機嫌のよいときもあれば，虫の居所の悪いときもあります。ふだんはとても穏やかな反応をする人が，ちょっとしたことで感情的になったりすることもあります。このように状況によって人はさまざまな姿をあらわします。一見すると何の法則性もないように感じるかもしれませんが，長くつきあっているうちに，何らかの一貫性がみられるものです。

また，人は人生経験を積むことで成長し，感受性や思考，行動のパターンに

①個人内にみられる法則性
②自他の違いにみられる個性
③状況による変動性にみられる個性

・相手の反応パターンの予測
・自己理解を深める

図 1-1　パーソナリティ心理学の関心事項

も変化がみられるものです。同じ状況でも，5年前と今とでは，反応の仕方が
微妙に違っていたりします。でも，感受性や思考，行動のパターンが一変して
しまうわけではなく，表面的にはかなり変化がみられても，基本的なところは
あまり変わっておらず，その人らしさが感じられるものです。

　このような状況による多様性に対する一貫性，時間的な変動性に対する持続
性を感じるとき，私たちはその人らしさを示す個人内の法則性，つまりパーソ
ナリティの存在を想定しているのです。

1.1.3　自他の違いにみられる個性

　人づきあいの中で気になるのは相手のことだけではありません。周囲の人た
ちとかかわることで浮上してくるのが自他の違いです。自分は人前で話すとき
にとても緊張するのに，なぜあの人はまったく緊張しないのか。自分は懇親会
とかは気疲れするから苦手なのに，なぜあの人はあんなに自然に楽しめるのだ
ろう。なぜこんな当然の理屈があの人には通じないのだろう。そうした自他の
違いを意識するとき，相手の中の法則性が気になると同時に，自分自身の中の
法則性も気になってきます。それがお互いの**個性**ということになります。

1.1.4　状況による変動性にみられる個性

　状況によって人の様子が変わってくるのは，日常的にだれもが経験すること
です。そこで，状況の規定力を重視する立場から，パーソナリティのような個
人の中の法則性などないとする考え方も提起されています。ミシェル（1968）
の問題提起により巻き起こった人間―状況論争において，人間の行動の決定要
因は状況にあるのか，それとも状況を越えた個人の一貫性があるのかが問われ
るようになりました。実際，具体的場面における行動を予測するには，その人
物のパーソナリティ特性だけでなく，そのときの状況を考慮する必要があるこ
とが示されています（ミシェルとピーク，1982；ミシェルと正田，1995；ロス
とニスベット，1991）。

　榎本（1993；表1-1）は，自分の心理的特徴が場面によって違ってくること
から，場面によって自己概念がどのように違ってくるかを測定し，**自己概念の**

無口で無愛想な自分

家族といるときの自分

照れ屋でおしとやかな自分

恋人といるときの自分

毒舌でおしゃべりな自分

親友といるときの自分

テキパキしてしっかり者の自分

職場にいるときの自分

表 1-1　**各因子の個人内における場面依存性——各場面間の評定値の差**
（榎本，1993）

		家族・友人間 平均（標準偏差）	家族・異性間 平均（標準偏差）	友人・異性間 平均（標準偏差）	3場面間 平均
第1因子	積極性	2.92（2.20）	3.21（2.01）	2.47（1.98）	8.60
第2因子	明るさ	2.36（1.89）	2.81（2.01）	2.20（1.91）	7.37
第3因子	内気とぎこちなさ	2.62（2.07）	3.74（2.74）	2.80（2.08）	9.16
第4因子	やさしさ	2.26（1.68）	2.97（2.05）	1.79（1.60）	7.02
第5因子	繊細さ	2.56（1.93）	3.11（2.23）	2.27（1.95）	7.94
第6因子	強情さ	3.09（2.20）	3.34（2.20）	2.23（1.73）	8.66
第7因子	怠慢と気短	3.06（2.06）	4.02（2.26）	2.32（1.87）	9.40
第8因子	自己顕示性	1.62（1.38）	1.90（1.63）	1.40（1.37）	4.92
第9因子	勝ち気	2.02（1.59）	2.12（1.56）	1.53（1.29）	5.67
第10因子	もろさ	2.05（1.45）	2.44（1.61）	1.44（1.30）	5.93
第11因子	おおらかさ	1.45（1.42）	1.79（1.40）	1.23（1.20）	4.47

場面依存性という概念を提唱しています。その調査では，家族と一緒のとき，とくに仲のよい友だちと一緒のとき，好きな異性と一緒のとき，という 3 つの場面を設定し，形容詞リストを用いて場面ごとの自己概念を測定しました。その結果，だれの前にいるときの自分を想定するかによって自己概念が明らかに違ってくることが示されました。

　ただし，状況による変動の仕方に個性があらわれるといったこともあり，状況がすべてというわけではありません。家族の前では元気で明るく，わがままなくらいに自己主張するのに，学校ではまったく自己主張ができず，借りてきた猫のようにおとなしいという人もいれば，家族の前ではまじめで礼儀正しいのに，学校ではお調子者で常にふざけているという人もいます。このような状況による変動の仕方に個性があらわれるということがあります。

　そのような状況による変動性の個性をとらえようとするものに，ミシェルたちによる研究があります。たとえば，図 1-2 で，状況を通して全体の平均をとると 2 人の得点は同じになり，イライラしやすさという特性は同程度ということになりますが，状況への反応傾向はかなり異なっています。そこには状況のとらえ方が関係しており，それが個人によって異なるとともに，個人の中で一貫性をもつと考えられます。それに関しては，正田とリーティアナン（2002）が小銭を貸してほしいとさまざまな相手から依頼される実験を 2 回繰り返し，どのような相手に貸し，どのような相手には貸さないかといった傾向には，個人差とともに個人内の一貫性があることを見出しています。さらに，さまざまな相手に関して誠実さや身なりのよさなど 16 項目の尺度で評価させた結果と突き合わせた結果，貸すかどうかを誠実さで判断している人もいれば身なりのよさで判断している人もいるといった個人差がみられました。これは，個人によって状況のとらえ方が異なることをあらわしていると解釈できます。

1.2　パーソナリティ心理学の歴史

1.2.1　パーソナリティ理論の 2 つの源流

　パーソナリティに対する素朴な関心をたどっていくと，遠くギリシャ時代に

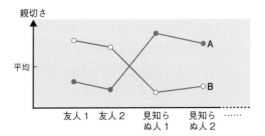

図1-2　**状況による行動の変化にみられる一貫性**
（ミシェルと正田，1995；正田，1997）

までさかのぼることができます。その後現在に至るまでのパーソナリティ研究の流れから，その萌芽とみなすべきものを 2 つあげられます。

　一つは，程度の差はあっても多くの人々が共通にもっている性質をいくつか抽出し，それぞれについて著しくその傾向の強い人物の感受性や思考・行動のパターンを生き生きと描写するものです。他の一つは，人間を何らかの基準によって大雑把に分類し，だれもがいずれかに属するようないくつかの類型を立てるものです。

　前者はテオプラストスの性格論に始まり，後者はヒポクラテスの体液病理説を基にしたガレヌスの 4 気質説に始まるとみなすことができます。

1.2.2　世界最古のパーソナリティ理論

　世界最古のパーソナリティ理論とされるものの著者であるテオプラストスは，アリストテレスの弟子に当たり，紀元前 4 世紀に活躍したアテネの哲学者です。テオプラストスは，とんま，けち，臆病，へそまがりなど，程度の差こそあれ多くの人々に共通してみられる性質を 30 個取り上げ，それぞれについて簡潔な定義を与えた上で，典型的人物の具体的な言動をやや滑稽に思えるほどのユーモアと誇張を交えながら描写しています（図 1-3）。

　取り上げられた性質がすべて好ましくないものであること，しかも文化や時代を越えて多くの人々に当てはまる人間の本性に根ざしたものであること，そしてその愚かしさを多少皮肉混じりにではあるが温かく見守っている風であることから，わが身の愚かさを自覚させてくれる楽しい読み物として，現在に至るまで人々に読み継がれています。理論書ではなく，余興のために書かれたものと思われる節があるため，わが国では原題に忠実な性格論ではなく『人さまざま』と訳されています。

　テオプラストスの性格論は，現在用いられている多くのパーソナリティ検査の理論的基盤となっているパーソナリティの特性論の原型とみなすことができます。

　頓馬とは，たまたまかかわりをもった人たちに，相手を苛立せるような話をしかけることである。そこで，頓馬な人とは，およそつぎのようなものである。

　すなわち，忙しくしている人のところへ出かけて，相談をもちかける。

　また，自分の恋人が病気で熱を出しているときに，彼女の前でセレナーデ（恋の唄）をうたう。

　また，保釈保証人を請け負って，その裁判に負けた人のところへ出かけ，自分の保釈保証人になってもらいたいと依頼する。

　また，事件の判決はすでに下されたのに，証人に立つつもりで出頭する。

　また，結婚式に招待されると，女性のことを悪く言う。

　また，長旅から戻ってきたばかりの人を，散歩に誘う。

　さらにまた，これも彼のよくやることだが，すでに取引き契約を終えた人のところへ，もっと高値を出す買手をつれてくる。

　また，すでに聞き終り，充分に理解した人を相手に，初めから説明しようと立ち上がる。

　また，相手の人が，そのことの実現を望んではいない事がら，かといって，断るのも気恥ずかしいと思っているような事がらを，自分が引きうけましょうと，熱心に申し出る。

　また，人が犠牲をささげ，大きな出費をしたばかりのときに，貸した金の利息を請求しにやってくる。

　また，召使いが鞭を打たれているときに，その傍に立って言う，かつて自分のところの召使いも，こんなふうに鞭打ちをくらったとき，首をくくって死んだものでした，と。

　また，仲裁に立ち合うと，双方とも和解を望んでいるのに，争いへとけしかける。

　また，踊りたいと思うと，まだすこしも酔っていない相手の手をとる。

図1-3　**テオプラストスの性格論**（テオプラストス『人さまざま』岩波文庫より）

1.2.3　パーソナリティをタイプ分けする 4 気質説

　古代ギリシャの医者で，医学の父と呼ばれるヒポクラテスは，人間には血液，粘液，黒胆汁，黄胆汁という 4 種類の体液があり，それらの混合のバランスが崩れると病気になると考えました。これを気質に当てはめたのが，ヒポクラテス以来の古代ギリシャ医学を体系化した医学者ガレヌスです。

　ガレヌスは，血液の多い多血質は陽気，粘液の多い粘液質は淡泊，黒胆汁の多い黒胆汁質は憂うつ，黄胆汁の多い黄胆汁質は短気を基調とするというように，体液と気質を結びつけた 4 気質説を唱えました。そもそもこのような 4 つの体液というものに科学的根拠はないのですが，4 気質説は現在まで受け継がれています。そこから言えるのは，4 つの気質の背景として 4 種類の体液を想定するのは非科学的であり受け入れがたいとしても，陽気な気質，淡泊な気質，憂うつな気質，短気な気質という 4 つに人間のパーソナリティを分類するところは多くの人々の共感を得ているということです。

　ガレヌスに始まる 4 気質説を受け継ぎながら，体液と関連づける非科学的な部分を改善したのが，科学としての心理学の生みの親とされるヴントです。ヴントは，『生理学的心理学綱要』（1874）において，感情的反応の強—弱，速—遅という 2 つの次元を用いて 4 気質に分類しています。感情的反応が弱くて速いのが陽気な多血質，弱くて遅いのが淡泊な粘液質，強くて遅いのが憂うつな黒胆汁質，強くて速いのが短気な黄胆汁質というわけです（図 1-4）。

　このような 4 気質説は，20 世紀になって登場するドイツのクレッチマーやアメリカのシェルドンの体格や体質を基礎としたパーソナリティの**類型論**の原型とみなすことができます。

1.2.4　現代のパーソナリティ心理学の始まり

　パーソナリティ心理学をはじめて体系化したとされるのが，『パーソナリティ——その心理学的解釈』（1937）の著者オールポートです。ドイツを中心とするヨーロッパの心理学がパーソナリティを類型的にとらえようとするのに対して，オールポートはパーソナリティを特性によってとらえようとしました。類型論や特性論については後に詳しく解説しますが，人々の直観に訴える類型

(1) ガレヌス

	乾	湿
温	胆汁質	多血質
冷	憂うつ質	粘液質

体液が「乾いているか，湿っているか」と「温かいか，
冷たいか」という2つの次元より4つの気質に分類。

(2) ヴント

	強	弱
速	黄胆汁質	多血質
遅	黒胆汁質	粘液質

感情的反応が「強いか，弱いか」と「速いか，遅いか」
という2つの次元により4つの気質に分類。

図 1-4　4 気質説の変遷

論に対して，オールポートに始まる**特性論**は，量的にとらえて統計的処理ができるという特徴があります。それにより，パーソナリティを細かく分析できるため，科学的なパーソナリティ心理学においてしだいに中心的な位置を占めるようになってきました。

　現代のパーソナリティ心理学を切り開いた人物として，オールポートと並んで重要なのがレヴィンとマレーです。ゲシュタルト心理学の流れを汲むレヴィンは，人間の行動を決定するのはその場における環境と人間の力関係であるとして，行動の場理論を展開しました。これは，状況の影響を重視するパーソナリティ理論につながっていきます。精神分析学の影響のもとにパーソナリティ研究に取り組んだマレーは，マクドゥーガルの本能論の助けも借りながら，人間の要求とそれに対する環境からの圧力との相克によってパーソナリティをとらえようとしました。マレーの理論は要求 – 圧力説と呼ばれますが，これをもとに作成された TAT という心理検査法は，空想をもとにしてその心理状態を探るもので，今でも心理臨床の現場で広く用いられています。

1.3　パーソナリティとは

1.3.1　性格・人格・パーソナリティ

　「あの人は怒りっぽい性格だ」「彼女は落ち込みやすい性格だ」「私はそんな性格だ」「性格の不一致が原因のようだ」というように，性格という言葉は日常的によく使われますが，性格に関する心理学のことを**性格心理学**と言ったり，**人格心理学**と言ったりします。性格は character の訳語で，人格は personality の訳語です。人格という言葉には，人格者などというように価値的な響きがあるために，あえて訳さずにパーソナリティと言ったりもします。これらは現在では区別せずに用いられていますが，語源的にみると character と personality はかなり異なった意味をもっています（表 1-2）。

　character の語源はギリシャ語の karaktēr で，彫り刻むことを意味します。一方，personality の語源はラテン語の persona で，劇などで用いられた仮面を意味します。後に転じて役者が演じる役柄を意味するようになり，さらには役

表 1-2　キャラクターとパーソナリティ

性格は character（キャラクター）の訳語

character の語源はギリシャ語の karaktēr。

彫り刻むという意味。

　→生得的で変わりにくい深層部の基礎的性質。

人格は personality（パーソナリティ）の訳語
（訳さずに，パーソナリティと言うことも）

personality の語源はラテン語の persona。

劇などで用いられた仮面を意味する（後に転じて役者が
演じる役柄，役者自身）。

　→後天的で変わりやすい表面的性質。

者自身をも意味するようになりました。ここから言えるのは，character には個人を特徴づける性質のうち比較的深層部にある固定的で基礎的なもの，生得的で変わりにくいものといった意味合いが強く，personality には行動にあらわれたもの，後天的に獲得された表面的性質といった意味合いが強いということです。

　そのため，ライプニッツ的伝統に立ち，人間の諸性質の生得的で変わりにくい面を強調するドイツでは character が好まれ，ロック的伝統に立ち，人間の諸性質の環境によって変化する面を強調するアメリカでは personality が好んで用いられました。そして，ドイツ語の Character が人間の情意的側面を意味するのに対して，英語の personality は知情意の3側面すべてを含み，環境に適応するための統一的な行動様式を意味しました。ただし，最近は心理学においてもアメリカの影響力が世界的にみても大きく，語源のもつ意味に関係なく，personality の語が広く用いられるようになっています。

1.3.2　パーソナリティの定義

　オールポートは，パーソナリティのさまざまな定義を検討し，生物社会的定義と生物物理的定義を対比させています。前者は外見による定義で，パーソナリティとは他人の目に映るものであるとする見方です。後者は内在的な性質による定義で，パーソナリティとは他人による評価とは関係なく存在する本人そのものとする見方です。オールポート自身は後者の立場をとっており，表1-3のようにパーソナリティを定義しています。

　ここでは，パーソナリティとは，一人ひとりの行動（思考や感情も含める）を決定づける心身統一的な体制で，持続性・一貫性をもつが，けっして固定的なものではなく，たえず発展しつつあるものと定義することにします。

表 1-3　パーソナリティの定義

オールポート（1937）

生物社会的定義
外見による定義で，パーソナリティとは他人の目に映る
ものであるとする見方。

生物物理的定義
内在的な性質による定義で，パーソナリティとは他人に
よる評価とは関係なく存在する本人そのものとする見方。

オールポート自身の定義（生物物理的定義）
パーソナリティとは，ある個人の環境への独自な適応様
式を決定するところの精神身体的体系であり，その個体
内における力動的機構である。
（1961 年の改訂版では，「環境への独自な適応様式」と
いうところを「特徴的な行動と思考」と変えている。）

2

パーソナリティ心理学の諸理論 I
——類型論と特性論

2.1　類型論と特性論

　パーソナリティをとらえるための代表的な理論に類型論と特性論があります。
　類型論とは，パーソナリティを質的に異なるいくつかの類型に分類し，それ
ぞれの類型のパーソナリティ構造の違いを特徴づけるものです。クレッチマー
やシェルドンの類型論のように体質的・生物学的なものを基準に類型化するも
のもあれば，ユングやシュプランガーの類型論のように心理的特徴のみを基準
に類型化するものもあります。類型論には，目の前の人がどの類型に属するか
を知ることで，その人の一見バラバラな個々の行動の内的連関を理解すること
ができ，行動の予測もできるという長所があります。その反面，多種多様な人
間を少ない類型に分類するため，切り捨てられる面も多く，典型例のもつ性質
ばかりが強調されるといった短所があります（表2-1）。
　一方，**特性論**とは，パーソナリティをいくつかのパーソナリティ特性の集合
とみなし，各特性をどのくらいずつもっているかというように，パーソナリ
ティの違いを量的にとらえようというものです。特性論には，統計的な処理が
でき，数値を用いて個人を細かく分析したり，複数の人物を比較したりできる
という長所があります。因子分析など統計手法が洗練されることにより，特性
論をもとにしたさまざまなパーソナリティ検査が開発されています。ただし，
各特性をどれだけもっているというようにモザイク的なとらえ方になり，個人
全体としてのイメージがつかみにくいといった短所があります（表2-1）。

2.2　類 型 論

2.2.1　クレッチマーの類型論

　シーザー「わたしのそばには頭の禿げた，しかも夜となればぐっすり眠る肉
づきのよい男共をひかえさせよ。例のカシウスはうつろな眼つきをしている。
あれは物事をあれこれと考えすぎるのだ，ああした輩は危険だぞ」
　アントニウス「いえいえあの男を怖れなさいますな，あの男は危険ではござ
いません。あれは高貴な男子で才に恵まれております」

表2-1　類型論と特性論の特徴

類型論	パーソナリティを質的に異なるいくつかの類型に分類し，それぞれの類型のパーソナリティ構造の違いを特徴づけるもの。
長所	どの類型に属するかを知ることで，その人のイメージが湧きやすい。
短所	多種多様な人間を少ない類型に分類するため，大雑把なとらえ方になる。
特性論	パーソナリティをいくつかのパーソナリティ特性の集合とみなし，各特性をどのくらいずつもっているかというように，パーソナリティの違いを量的にとらえようというもの。
長所	統計的な処理ができ，数値を用いて個人を細かく分析したり，複数の人物を数値を用いて比較したりできる。
短所	各特性をどれだけもっているというようにモザイク的なとらえ方になり，個人全体としてのイメージがつかみにくい。

シーザー「あの男がもっと肥っていさえすればなあ……！」

　これはクレッチマー（1955）が『体格と性格』の冒頭に掲げたシェイクスピアの戯曲中のセリフです。ここには，体格とパーソナリティに関連があるのではないかといった思いが人々の間で共有されていることが示唆されています。

　クレッチマーは，精神科医として多くの精神病患者を観察する中で，内因性の2大精神病とされる統合失調症患者とそううつ病患者には，それぞれ一定の体格が対応することを発見しました。そこで，患者の病気になる前のパーソナリティや血縁者のパーソナリティと体格について調査してみたところ，正常者においてもその体格と気質（パーソナリティの基底的部分）との間に密接な関係があることが示されました。

　クレッチマーは，体格を細長型，肥満型，闘士型の3つに分類しました（図2-1）。そして，細長型と分裂気質，肥満型と循環気質（そううつ気質），闘士型と粘着質の間に，それぞれ密接な関係があることを見出しました（図2-2）。これら3つの気質の特徴は表2-2の通りです。

　分裂気質の基本は，①に示されているような内閉性，つまり内的世界に生きるため現実との接触が乏しいことです。この内閉性を基調として，②の過敏性と③の鈍麻性が混合しているわけですが，その混合比は人によって異なります。過敏性というのは，神経過敏でちょっとしたことで傷ついたり興奮したりしやすいため，警戒心が強く引っ込み思案になり，人づきあいも神経をすり減らすので極力避けようとする傾向を指します。鈍麻性というのは，周囲に対して無関心なため鈍感になりがちな傾向を指しますが，対人関係が不器用で，現実的な交渉能力に欠けるために，結果として従順でお人好しの行動をとりがちとなります。このように，過敏さと鈍感さという相反する性質が同一人物の中に同居するのが，分裂気質の特徴です。

　循環気質の基本は，①に示されているような同調性，つまり内的世界対現実世界といった対立がなく，現実をあるがままに受け入れ，ごく自然に周囲に溶け込むことです。この同調性を基調として，②のそう傾向と③のうつ傾向が混合しているのですが，その混合比は人によって異なります。この混合比は，同一人物においても周期的に動揺するのが一般的です。そう傾向とは，気分が高

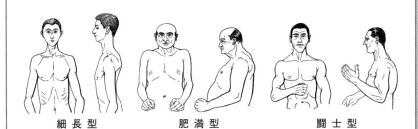

　細長型　　　　　　肥満型　　　　　　闘士型

図 2-1　**クレッチマーによる 3 つの体格型分類**（クレッチマー，1955）

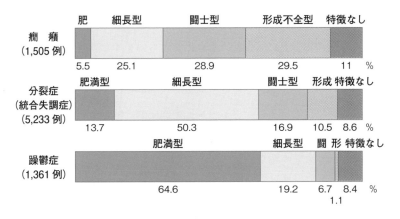

図 2-2　**体格型と精神病**（クレッチマー，1955）

揚し，活力がみなぎり，つぎつぎにアイデアが湧いてきて，元気で明るく，積極的に周囲に働きかける傾向を指します。うつ傾向は，気分が沈みがちで，無口で精彩に欠け，くよくよ考えるばかりで何もする気になれない停滞した傾向を指します。ただし，このような沈んだ心理状態でも，分裂気質者のような人に対して拒否的で冷たい雰囲気はありません。

　粘着気質の特徴は，言葉数が少なく控えめで，忍耐強く，注意力が持続し，感情の変化が乏しく，機敏さに欠け，鈍感なところにあります。つまり，堅さと変化のなさを基調とし，几帳面で融通がきかず，話が回りくどく，精神的テンポが緩慢で，ユーモアが乏しく，頑固で粘り強く，対人的繊細さに欠けるといった傾向を示します。こうした粘着性を基本として，ふだんは丁寧でおとなしいが，時に溜め込んだものを一気に吐き出すかのような興奮を示すといった爆発性を秘めています。

　その後，ブロイラーやミンコフスキーは，クレッチマーの循環気質は同調性という概念によってより明確にとらえられるとし，分裂性と同調性を対比させています。すなわち，分裂性のパーソナリティの特徴は内閉性にあり，内的世界に生きているため現実世界との生きた接触が乏しくなりがちです。中には社交的だったり，現実世界に積極的に乗り出す者もいますが，現実に同調するというよりは現実と対決するといった感じになりがちです。それに対して，同調性のパーソナリティの特徴は開放性にあり，現実世界にすぐに溶け込みます。現実をあるがままに受け入れ，ごく自然に周囲に溶け込むため，内的世界対現実世界といった対立はみられず，むしろ内的世界が現実世界に吸収されていくといった感じになりがちです。

2.2.2　ユングの類型論

　フロイトの精神分析学の影響のもと，独自の分析心理学を発展させた精神医学者ユングは，心理療法においても大きな足跡を残しました。彼は態度類型と機能類型という２つの類型を提唱しています（図2-3）。

1. 態度類型（内向―外向）

　ユングは，フロイトとアドラーがどちらも神経症患者の治療に携わりながら，

表 2-2　クレッチマーの 3 つの類型の特徴

1.　分裂気質……内的世界に生きて現実とあまり接触しない。
①基本的特徴　：非社交的，もの静か，内気，きまじめ，変わり者。 ②過敏性の特徴：引っ込み思案，臆病，繊細，傷つきやすい，神経質，興奮 　　　　　　　　しやすい，自然や書物に親しむ。 ③鈍麻性の特徴：従順，お人好し，おとなしい，無関心，鈍感。
2.　循環気質……現実をあるがままに受け入れる。
①基本的特徴　：社交的，思いやりがある，親切，気さく。 ②そう状態の特徴：陽気，ユーモアがある，活発，興奮しやすい。 ③うつ状態の特徴：もの静か，落ち着いている，くよくよ考える，柔和。
3.　粘着気質……頑固で粘り強く対人的繊細さに欠ける。
基本的特徴：堅い，頑固，粘り強い，変化が乏しい，精神的テンポが遅い， 　　　　　　繊細でない，粘着性の中に爆発性を秘めている。

相いれない理論を構築したことをヒントに，人間には根本的に相反する2つの態度があるのではないかと考えました。フロイトは外的世界における人間関係を重視し，アドラーは内的世界における主観的傾向である劣等感を重視します。ユングからみれば，同じ神経症がどちらの見方によっても説明がつくのですが，フロイトもアドラーも自分の立場のみが正しいと信じていました。「このディレンマを見て，わたしはこう考えた。人間には相異なる二つのタイプがあって，一方はむしろ客体に興味をもち，他方はむしろ自己自身（主体）に興味をもつのではあるまいか。」（ユング，1916）

　こうしてユング（1921）は，客体を基準にして自らを方向づける態度を外向型，主観的要因を基準として自らを方向づける態度を内向型とする類型論を打ち立てました。外向型は，周囲の人物や事物に対する関心が強く，周囲の動向をもとに物事を判断します。自分の主観性を犠牲にして周囲に合わせるため，周囲とのあつれきは少なく，社会適応はよいものの，それが行きすぎると自己を見失うことにもなりかねません。内向型は，自分自身に対する関心が強く，外的諸条件よりも自分の中の主観的なものをもとに物事を判断します。つまり，自分自身がどう感じ，どう思うかが大切なのです。それが行きすぎると社会的不適応に陥りがちです。

　ユングによれば，外向型は，迎合的で気さく，どんな状況にもすばやく適応し，くよくよすることがないが，やや軽はずみなところがあるといった特徴をもちます。一方，内向型は，ためらいがちで内省的，引っ込み思案で容易に心を開かず，人見知りし，いつも受け身の姿勢で引きこもりながら周囲を用心深く観察しているといった特徴をもちます。このように，外向型は外的世界とのつながりが強く，行動範囲の広さと行動の速さに特徴があり，内向型は独自な内的世界とのつながりが強く，その深さに特徴があります。

2. 機能類型（思考，感情，感覚，直観）

　ユングは，心理的機能を思考，感情，感覚，直観の4つに分類しました。感覚は何かがあることを，思考はそれが何であるかを，感情はそれにどのような価値があるかを教えてくれます。そして，直観は未知の状況に対処するのを助けてくれます。図2-4のように，思考と感情は対極をなしており，なかなか

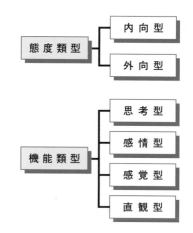

図 2-3　ユングによる態度類型と機能類型

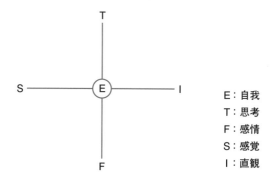

E：自我
T：思考
F：感情
S：感覚
I：直観

図 2-4　心的諸機能（ユング，1935）

両立しにくいものとされます。ともに判断機能であり，合理的なものとみなされますが，思考が論理的に判断するのに対して，感情は好き嫌いという観点から判断します。同様に，感覚と直観は対極をなしており，ともにあるがままをとらえる機能であり，説明不能であることから，非合理的機能とみなされます。感覚機能の発達した者は五感を用いた細かな観察によって現実をつかもうとするのに対して，直観機能の発達した者は目の前の事物を一瞥するだけで背後に隠れた可能性をとらえようとします。

　ユングは，態度類型と機能類型を組み合わせることで8つに分ける類型化も提唱しています。

2.2.3　シュプランガーの類型論

　哲学者ディルタイは，世界観により人間を官能型，英雄型，冥想型の3つに類型化しました。

　ディルタイの影響のもとに，哲学者シュプランガーは，価値観による人間の類型化を試みました。シュプランガー（1921）は，人類が生み出した物質的および精神的な文化財を客観的価値構成物と呼び，これを6つの領域に分類しました。そして，人間の内部にある主観的価値志向がそれらのうちのどれに向かっているかによって，人間を理論型，経済型，審美型，社会型，権力型（政治型），宗教型の6つに類型化しました（表2-3）。

2.3　特性論

2.3.1　「特性論」対「反特性論」

　特性論は，1929年にアメリカのイェール大学で開催された国際心理学会におけるオールポート（1931）の「パーソナリティの特性とは何か」という報告に始まるとされます。

　特性論は個人の中に一貫した行動傾向があるとする立場ですが，それに対して個人の中の一貫性などないとする立場があります。それは反特性論と呼ばれますが，それは特定の刺激と特定の反応の結合が習慣化したものがパーソナリ

表2-3　シュプランガーの価値観による6つの類型

理論型……真理の追究といった抽象的なものに引かれ，物事を論理的に理解することを好む。理屈が通らないことが嫌いで，感情的なものに惑わされずに世の中を知的に理解しようとする。

経済型……実用的価値を重んじ，物事を学ぶにも何に役立つかが優先されるため，実学志向が強い。実利的・現実的で，何をするにも行為そのものよりも，それによってもたらされる経済的効用に価値を置く。

審美型……美的体験に何よりも価値を置く。自らも世俗的なことにまみれて醜い姿をさらすことを嫌い，潔さを重んじる。それゆえ現実の煩わしい争い事にかかわり合いをもつことを避けようとするため，一種の冷たさを感じさせることになりやすい。

社会型……他人への関心が何よりも強く，人を愛し，人から愛され，助け合いながらともに生きることに価値を置く。利害を超えた交わりを何よりも大切にする。

権力型……他人を支配したり組織を動かしたりすることに価値を置く。人生を闘争の場とみなし，勝者となるためには手段を選ばないようなところがあり，人間関係もそのための手段として利用する。

宗教型……神秘的な体験に何よりも価値を置く。これには現世を重んじるタイプ，超越的世界に価値を求めるタイプ，いずれにも柔軟に対応するタイプなどがある。

ティであるとみなし，子どもが身につけるのは一般的な特性ではなく，個々の特殊な習慣であるとします。

　反特性論の立場からの古典的な研究にハーツホーンとメイによるものがあります。そこでは，たとえば子どもたちに小銭を盗む機会を与え，また試験やゲームでごまかしをしてそれを隠すために嘘をつく機会を与えます。そして，「盗み行動」と「嘘つき行動」との間にはほとんど相関がない（$r=+.132$）ことから，ハーツホーンたちは「不正直さ」というような一貫した傾向，すなわち特性というものは存在しないと結論づけました。

　それに対してオールポート（1937）は，この結果はここで測定された「不正直さ」というものが特性ではないことを示しているに過ぎないと反論し（図2-5），特性は実在するという立場を主張しています。

　その後も，ミシェル（1968）の特性批判をきっかけとして一貫性論争が巻き起こり，特性論者と状況論者の間で熱い論争が繰り広げられました。ミシェルは，特性論は行動の一貫性を前提としているが，状況によって行動は変動し，行動の通状況的一貫性はないとして，特性というものの存在を否定しました。

　ただし，ここで再び考えなければならないのは，外的状況を自分にとってどのような意味をもつととらえるかという認知や状況による変動の仕方に，それぞれの個人に特有の一貫した傾向があるのではないかということです。個人の心理や行動が状況によって規定されるということは否定できませんが，状況が同じならみんな同じ心理状態になったり同じ行動をとったりするというわけではありません。ゆえに，状況の力を認めるからといって特性の存在を否定することはできません。

　特性論に基づいたさまざまな心理検査が開発され，現在も適性検査や臨床検査などとして広く活用されていますが，検査結果のみを過信するのは危険です。個人のパーソナリティの理解のためには，本人の書いた文章，文章完成法や投影法などの多様な検査結果，面接データ，観察データなどを多面的に見ていく必要があります。

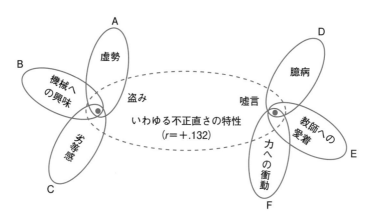

「Aという子どもは，映画やタブロイド判の新聞で見たり読んだりしたギャング
を賛美することに根をもつ，からいばりという一貫した個人的特性をもっている
ので銅貨を盗む。Bは道具類や機械類に対する興味をたえずもっているので，正
当な方法で手に入るよりもっと多くの品物を手に入れようとして盗む。また，た
えまない社会的劣等感に悩んでいる Cという子どもは，遊び仲間の歓心を買うた
めにキャンディを買おうとして銅貨を盗む。Dは銅貨は盗まないが，自分のやっ
たずるいことに嘘をいう。それは不正直という一般特性をもっているためでな
く，臆病（結果を恐れる）という一般特性をもっているからである。Eは自分が
慕っている先生の感情を害することを恐れて嘘をつき，Fはほめられることを貪
欲に求めて嘘をつく。」

　図2-5　**反特性論の根拠となった研究への批判**（オールポート，1937）
破線の楕円はハーツホーンらが考えた特性，実線の楕円は彼らが見落とした個人
的特性。

2.3.2　特性の乱立と特性の階層モデル

　オールポートが特性論の理論面に貢献したのに対して，その技術面に大きな貢献をしたのがキャッテルです。因子分析を用いた研究を進めたキャッテル（1945）は，特性を表面的特性と根源的特性に分けました。**表面的特性**とは外部から直接観察できる性質であり，**根源的特性**とはより深層に存在するもので，因子分析により抽出されるものです。キャッテル（1950）は，代表的な根源的特性として 12 個の因子をあげています。その後キャッテルは，新たに 4 つの因子を加えて 16 因子としています。

　その後も多くの研究者によりさまざまな特性が提唱されましたが，特性が無秩序に乱立することを懸念したアイゼンク（1953）は，因子分析を用いて相互に関連する特性同士をまとめることにより，特性次元の上に類型次元を置く階層モデルを提起しました（図 2-6）。たとえば，活動性，社交性，冒険性，衝動性，表現力，熟慮性，信頼性といった 7 つの特性によって外向性―内向性という類型次元の測定を行います。

　わが国で最もよく用いられている YG 性格検査は，やはり 12 個のパーソナリティ特性によって個人の特徴をとらえるものですが，それらの特性は内向性―外向性，情緒安定性―情緒不安定性という 2 つの類型次元にくくられています（表 2-4）。

　これらの特性を階層化しようとする試みをみていくと，内向性―外向性，情緒安定性―情緒不安定性という 2 つの基本的な次元があるといえそうです。

2.3.3　特性 5 因子説

　研究者によってさまざまに異なる特性が設定され，それらを類型次元に階層化する試みも行われてきましたが，基本的な特性を最小限に絞ろうという試みを通して，基本的な 5 つの因子でパーソナリティはとらえられるとする**特性 5 因子説**に収束しつつあります。

　特性 5 因子説は，1941 年にフィスクによってはじめて唱えられましたが，1961 年にチューピスとクリスタルが社交性，協調性，信頼性，情緒安定性，文化性という 5 つのパーソナリティ特性を仮定すべきとして以来，多くの議論

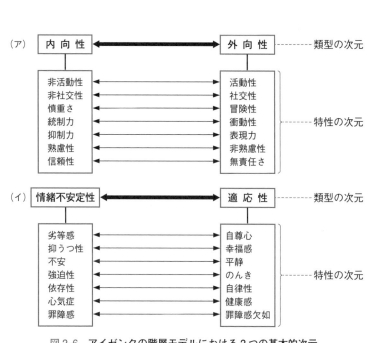

図 2-6　アイゼンクの階層モデルにおける 2 つの基本的次元
（アイゼンクとウィルソン，1975 より作成）

表 2-4　YG 性格検査の 12 因子と 2 つの次元

「情緒安定—不安定」の次元	「内向—外向」の次元
①抑うつ性	⑦攻撃性
②回帰性	⑧一般的活動性
③劣等感	⑨のんきさ
④神経質	⑩思考的外向性
⑤客観性欠如	⑪支配性
⑥協調的欠如	⑫社会的外向性

（各因子の内容は第 12 章参照）

を巻き起こしました。そして 1981 年にゴールドバーグがこの基本的な 5 つの因子をビッグ・ファイブと名づけることで大いに注目されることとなりました。その後，多くの研究者が追随し，文化を越えて有効であることが確認されていますが，研究者によりその内容は微妙に異なっています。

　多くの研究において繰返しあらわれる因子として，外向性（対人的開放性）と情緒不安定性（神経症傾向）があります。この他に，ビッグ・ファイブ研究においてある程度共通して抽出されてきたものに，経験への開放性，協調性（調和性），信頼性（誠実性あるいは勤勉性）があります。

　外向性とは，積極性，抑制のなさ，活動性，行動範囲の広さ，話し好き，社交性，群居性などを含む性質を指します。情緒不安定性とは，自意識の強さ，不安の強さ，動揺のしやすさ，気分の不安定さ，神経質などを含む性質を指します。経験への開放性とは，独創性，想像力，好奇心の強さ，視野の広さ，洞察力などを含む性質を指します。協調性とは，気だてのよさ，やさしさ，素直さ，従順さ，友好性，寛大さ，愛他性などを含む性質を指します。信頼性とは，注意深さ，丁寧さ，勤勉性，頑張り屋，辛抱強さ，責任感などを含む性質を指します（表 2-5）。

2.3.4　個別の特性の有用性

　個人のパーソナリティを総合的に把握するという目的のためには 5 つの特性で足りるとしても，個人のもつ特定の問題を解明するためには，その都度関連する特性をとらえることが必要になります。

　たとえば，人づきあいに消極的な人の心理を理解するために，対人不安（バス，1986）や社交不安障害（コナーたち，2001）というパーソナリティ特性を測定することがあります。また，何ごとに関してもやる気が乏しい人の心理を理解するために，達成動機や一般的自己効力感（三好・大野，2011）といったパーソナリティ特性を測定することもあります。暴力行為などの非行が目立つ少年の心理を理解するために，攻撃性（バスとペリー，1992；安藤，1999；大渕たち，1999；嶋田・遊間，2018）というパーソナリティ特性を測定することもあります。自分の対人関係面の弱点を知るために，社交性や協調性のような

表2-5 特性5因子説の5つの特性

外 向 性	積極性，抑制のなさ，活動性，行動範囲の広さ，話し好き，社交性，群居性などの性質を含む。
情緒不安定性	自意識の強さ，不安の強さ，動揺のしやすさ，気分の不安定さ，傷つきやすさ，神経質などの性質を含む。
経験への開放性	独創性，想像力，好奇心の強さ，視野の広さ，洞察力などの性質を含む。
協 調 性	気だてのよさ，やさしさ，素直さ，従順さ，友好性，寛大さ，愛他性などの性質を含む。
信 頼 性	注意深さ，丁寧さ，勤勉性，頑張り屋，辛抱強さ，責任感などの性質を含む。

特性5因子説に含まれるものばかりでなく，自己開示性（榎本，1987，1997）や共感性（デイヴィス，1980，1983；櫻井，1988；登張，2003；葉山たち，2008；櫻井たち，2011），向社会性（菊池，1988）をはじめとした特性を測定することもあります。

　このように，特性論は，さまざまな形で自他のパーソナリティ理解のために広く活用されています。

2.3.5　類型論の特性論的な応用

　特性論には統計的手法を用いて科学的な実証ができるという利点があるために，今のパーソナリティ検査は特性論に基づいた心理尺度が主流となっています。しかし，直観力に基づいた類型論の発想にも捨てがたいところがあります。そこで，両者を融合したのがアイゼンクの特性の階層モデルでした。その後も，特性論に基づく心理尺度を用いて，類型論の発想を科学的に裏づけようとするさまざまな試みが行われています。

　その一つとして，ユングの態度類型と機能類型を特性論的に心理尺度を用いて実証しようという試みがあります。ユングの類型に基づく心理尺度は，アメリカでもいくつか開発され（フィールライトたち，1964；シンガーたち，1996；メイヤーとブリッグス，1998），日本でもブリッグスたち（2000）や佐藤（2005）によって開発されています。それらの心理尺度を用いた研究により，ユングの類型論の妥当性が実証されています（シーデス，1989；佐藤，2003，2009，2018）。

3

パーソナリティ心理学の諸理論 II

──精神分析学的パーソナリティ理論

3.1　フロイトのパーソナリティ理論

3.1.1　無意識の心理学

1.　無意識の発見

　私たちは自分の行動は自分が決めていると思って暮らしていますが，時に「なぜあんなことを言ってしまったのだろう」「どうしてあんなことをしたのだろう」と自分の言動に戸惑うことがあります。そんなとき，人は自分の言動をすべて意識的に制御しているわけではなく，無意識のうちに動いている面もあることに気づきます。そこで，人間の心を大海に浮かぶ氷山にたとえ，意識というものは水面上に出ているほんの一部であり，その下には広大な無意識の層が広がっていると言われたりするのです（図3-1）。

　無意識の心理学を確立したのはフロイトですが，そこには無意識というものを仮定しなければとても説明がつかないような現象があるのを認めざるを得なくなっていたという時代背景がありました。それに関しては，二重人格，後催眠現象，ヒステリーをあげることができます。

①二重人格

　突然まったく異なる第2の人格があらわれ，もとの人格に関する記憶が消え，しばらくするともとの人格に戻るが，そうなると第2の人格についての記憶が消えるというものです。20世紀初頭のジェームズによる報告が有名です。

②後催眠現象

　催眠中に与えられた命令のことを意識的には覚えていないのに，命令された行動を覚醒後に知らないうちに実行してしまうというものです。ベルネームのもとでこの実験を目の当たりにしたフロイトは，「わたしは人間の意識には隠されている強力な精神的過程があり得るのではないかとのきわめて強い印象を与えられた」（フロイト，1925）と記しています。

③ヒステリー

　心理的な原因によって，身体各部の痛み，手足の感覚の麻痺，失明，失声などの身体症状が一時的に喚起されるもので，神経症の一種とみなされます。ヒステリーが心因性のものであることを示したのは18世紀後半にパリで活躍し

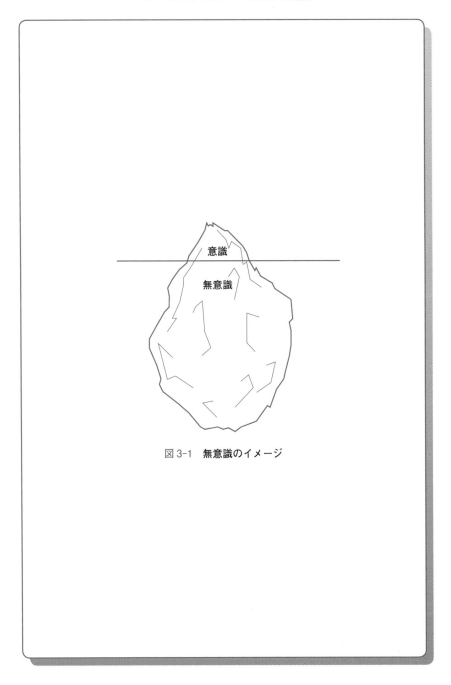

図 3-1　**無意識のイメージ**

たシャルコーです。彼を訪問したフロイトは，先輩ブロイエルの治療法をもとにヒステリーの治療とその心理的過程の解明に取り組むことになります。

2. 日常生活における無意識現象

二重人格や後催眠現象，ヒステリーなどは病的なものであり，特殊な現象といえますが，もっと身近なところにも無意識現象はいくらでもあります。それを取り上げ，無意識の心理学を展開していったのがフロイトです。

たとえばフロイトは，ちょっとした言い違い，聞き違い，度忘れなどの錯誤行為を取り上げ，その背後に働いている無意識の心理過程の解明を試みています。錯誤行為の解釈においては，錯誤行為を本来の意図とそれを妨害しようとする意図という相矛盾する２つの意図の妥協の産物としてとらえています。そして，ふだん見逃されがちな妨害しようとする意図を明らかにしていきます。ちょっとした言い間違いをしたときなど，そこに隠された意味があるなどと思わずに，緊張や興奮，疲労，不注意などによるものと考えるのが一般的です。でも，かりに緊張していたために言い間違いをしたにしても，なぜよりによってこの言葉のところで言い間違えたのか，本来言うべき言葉の代わりに口をついて出た言葉がなぜこの言葉だったのかと考えていくと，そこに無意識的な意図が働いていたと思わざるを得ないケースがあるものです（表3-1）。

3.1.2　自我・エス・超自我

フロイトは，心の機能をエス，自我，超自我という３つの側面に分け，それら相互の力関係によって人間の心理や行動を説明しようとしました。

1. エス（イド）

エスとは，人格の中の無意識的，衝動的な側面で，すべての心的エネルギーの供給源です（図3-2）。エスには，本能衝動のような生得的なものの他に，幼少期に抑圧された観念なども含まれます。エスにはつぎのような性質があります（表3-2）。

①すべての心的エネルギーの貯蔵所であり，人間行動の原動力である。
②快感原則に従うため，欲求充足の仕方が即時的・自己中心的で我慢することができない。

表 3-1　フロイトによる錯誤行為の例

錯誤行為
①言い違い，書き違い，読み違い，聞き違い ②度忘れ（一時的な忘却） ③しまい忘れ，紛失

フロイトのあげた事例
「開会を宣言します」と言うつもりの議長が「閉会を宣言します」と言ってしまった。

パーティの場で上司に対して祝辞を述べる際に，「健康を祈って乾杯しましょう（anstossen）」と言うつもりで「健康を祈ってゲップしましょう（aufstossen）」と言ってしまった。

ある教授が就任講演の中で，「私には尊敬する前任者の数々の業績について述べる資格はございません」と言うつもりで，うっかり「資格はない（nicht geeignet）」の代わりに「気持ちはない（nicht geneigt）」と言ってしまった。

手紙を投函しなければと思いつつも，数日間ついつい机の上に置きっ放しにしてしまい，やっと投函したが宛名を書き忘れていて戻ってきてしまい，宛名を書いて郵便局にもっていくと今度は切手を貼り忘れていた。

③論理性，統一性に欠けるため，目的に向かって行動を統一するということがない。

④価値判断をもたない，つまり善悪を区別したり道徳を考慮したりすることがない。

　このようなエスがもたらす行動は長期的展望や現実的・社会的な考慮に欠けるため，その場しのぎのものに終始し，けっして最終的な充足にはつながりません。

2.　自　我

　自我とは，人格の中の主に意識的な部分で，思考や行動の主体です（図3-2）。自我は現実原則に従い，エスのやみくもな欲求充足行動を抑え，外界の現実的諸条件を考慮しながら，真の充足へと導こうとします。自我の心理機能として，つぎのようなものをあげることができます（表3-2）。

①**認識機能（現実検討機能）**……自分の内に生じた欲求や感情を認知する機能，および感覚器官を通して外界を認知する機能。

②**執行機能（適応機能）**……内界および外界を認知した結果に基づき意思決定を下し，随意筋を通してそれを行動に移す機能。その目的は，外的条件を満たしつつ内的欲求を最大限に充足することです。

③**統合機能**……個々の判断や行動に統一性をもたせる機能。

④**防衛機能**……現実的な解決策を見出すのがきわめて困難な状況において，なおかつ人格の統合性を維持するために，その場しのぎの解決策によって一時的に身を守る機能。抑圧，合理化，投影，反動形成，置き換え，取り入れ，否認，退行などがあります（3.1.3で詳しく解説）。

3.　超　自　我

　超自我とは，人格の中の一般に道徳心とか良心と呼ばれる機能で，自分自身をたえず批判的に監視している部分です（図3-2）。快感原則にのみ従うエスに対しては，むき出しの衝動，とくに性衝動や攻撃衝動がむやみに表面化しないように，恐怖や不安を生じさせることによってブレーキをかけます。現実的計算により打算に走りやすい自我に対しては，道徳的罪悪感を生じさせることで，その行動を制御しようとします（表3-2）。

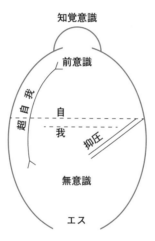

図 3-2 **フロイトによる心の構造**（フロイト，1933）

　超自我の形成には，幼少期における両親の直接的なしつけによる面と，両親など身近な大人をモデルとして自然に取り入れられる面があります。

　このように，人間行動の基礎には衝動があり，それを促すのがエス，抑えたり修正したりするのが自我と超自我ということになります。そして，エスが強ければ衝動的・感情的な行動が生じやすく，自我が強ければ現実的・合理的な行動が生じやすく，超自我が強ければ道徳的・良心的な行動が生じやすいということになります。そこで，超自我は強いほどよいと思われがちですが，超自我は非現実的で柔軟性に欠けるという点ではエスに似ています。ゆえに，あまりに超自我が強すぎる場合，たえず自分の行動を点検していないと気が済まない強迫神経症的な状態に陥ったり，非現実的な自己批判に苛まれるうつ的状態に陥ったりすることがあります。事故が度重なったり，犯罪を繰り返したりする場合，その背後に非現実的な無意識的罪悪感による自己処罰的な気持ちが働いていることがあります。したがって，自我を強くするとともに，柔軟性を身につけることが，とても重要な課題となります。

3.1.3　自我の防衛機制

　私たちは日常生活においてさまざまな課題に直面しますが，時に解決が困難な状況に追い込まれることがあります。たとえば，厳しい現実の中で目標達成行動が阻止され，どうにも欲求を充足させることができないことがあります（図3-3）。そのような状態が続くと欲求不満に陥ります。欲求不満状況に長く置かれることは，精神衛生上好ましくありません。そこで，目標を切り替えたり，目標達成を延期するなど，何らかの合理的な適応行動がとれればよいのですが，どうしても適切な対処行動をとることができないことがあります。そのようなとき，次善の策として，非合理的な適応様式に頼らざるを得ません。その典型が，フロイトおよびその娘アンナ・フロイトにより提起された**防衛機制**です。すなわち，うっかり不適応行動に走らないように，その場しのぎの解決策により身を守るのが自我の防衛機制の役割です。

　防衛機制にはいくつかの種類がありますが，現実を認めまいとしたり，歪めて知覚しようとしたりするという点が共通しています。また，防衛機制は無意

表 3-2 エス・自我・超自我の主な特徴

1. **エス（イド）：人格の中の無意識的，衝動的な側面で，すべての心的エネルギーの供給源**
①すべての心的エネルギーの貯蔵所であり，人間行動の原動力
②快感原則に従う
　欲求充足の仕方が即時的・自己中心的で我慢ができない。
③論理性，統一性に欠ける
　目的に向かって行動を統一するということがない。
④価値判断をもたない
　善悪を区別したり道徳を考慮したりすることがない。

2. **自我：人格の中の主に意識的な部分で，思考や行動の主体**
①現実原則に従う
　エスのやみくもな欲求充足行動を抑え，外界の現実的諸条件を考慮しながら，真の充足へと導こうとする。
②自我の心理機能
　認識機能（現実検討機能）：自分の欲求や感情，また外界を認知する機能。
　執行機能（適応機能）：意思決定を下し，行動に移す機能。
　統合機能：個々の判断や行動に統一性をもたせる機能。
　防衛機能：その場しのぎの解決策によって一時的に身を守る機能。

3. **超自我：人格の中の一般に道徳心とか良心と呼ばれる機能で，自分自身をたえず批判的に監視している部分**
①快感原則にのみ従うエスに対しては，むき出しの衝動がむやみに表面化しないように，恐怖や不安を生じさせることによってブレーキをかける。
②現実的計算により打算に走りやすい自我に対しては，道徳的罪悪感を生じさせることで，その行動を制御しようとする。

識のうちに行われるため，本人は自覚していません。

　防衛機制のうち最も基本的なのが抑圧で，これは他のすべての防衛機制の基礎となります。抑圧とは，どうしても意識したくない衝動，感情，記憶，思考などを意識の外に閉め出し，無意識的なものとすることです。

　抑圧だけで処理しきれない場合，他の防衛機制をその補強として用いることになります（表 3-3）。たとえば，反動形成とは，抑圧した心理傾向と反対の態度を強く示すことによって，心の中にある衝動や感情が表面化するのを避けようとするものです。内心憎んでいる人に対して過度に親切にしたり，つい甘くなりがちな身内の人物に対してあえて厳しくしたり，攻撃衝動の強い人が平和運動に身を捧げたりするとき，そこに反動形成が働いているとみなすことができます。また，投影とは，自分の中にある衝動や感情を抑圧することにより，自分でなく他の人物がもっていると思い込むことです。たとえば，自分より有能な仲間に対して妬みを抱いたとします。そうした醜い気持ちをうまく抑圧できればよいのですが，抑えきれないこともあります。そんなとき，相手がこちらを見下した態度をとってくるというように，醜い気持ちを相手が自分に対して向けてくると思い込むことで，自己批判を免れることができ，逆に相手を一見正当な理由のもとに批判することで，自分の中にある攻撃衝動を発散することができます。

　このような防衛機制は，一時的に身を守るために必要な心理機能といえますが，それも行きすぎると神経症的な症状の形成につながることがあるので，防衛機制に頼りすぎるのも問題です。

3.2　ユングのパーソナリティ理論

3.2.1　無意識の補償作用

　ユングは，心を意識と無意識に分け，意識の中心を自我とします。自我の統制力によって意識は一貫したまとまりを示します。心の深層には広大無辺の無意識の層が存在します。意識は外界からと同時に無意識層からたえず何かを吸収しながら自己拡大的に発展していくと考えられます。

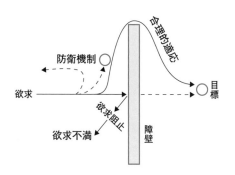

図 3-3　欲求の阻止とそれに対する反応

表 3-3　**自我の防衛機制** (榎本，1992)

抑　　圧	受け入れがたい衝動，感情，記憶，思考などを意識の外に締め出すこと。
合 理 化	自分の行動を正当化するために，社会的承認に値する，あるいは自分の良心に納得のいくような理由づけをすること。
反 動 形 成	抑圧した衝動と反対の態度を強く示すことにより，危険なものとして自我が恐れる衝動の表出を防ぐこと。
投　　影	自分の中にある認めがたい衝動や感情を，自分ではなく他の人がもっていると思い込むこと。
同 一 視	自分にとって価値のある他者の姿を自分の中に取り入れ，まるでその人になったかのようにふるまったり，その属性を身につけようとしたりすること。
否　　認	知覚的印象を遮断し，歓迎されない現実を願望充足的空想およびそれに伴う行動によって否定すること。
退　　行	より未熟な発達段階に逆戻りすること。
置 き 換 え	欲求や感情の対象を，本来の対象より手に入りやすい対象や自分にとって危険でない対象に向けること。
隔　　離	苦痛な，あるいは恐ろしい経験を平気で思い出すことができるように，その観念と感情を切り離し，感情を抑圧すること。

　ユングは，無意識をさらに個人的無意識と集合的無意識に分けます。個人的無意識とは，生まれてから現在に至るまでの生育途上で抑圧されたものや，その印象が時とともに薄れて忘却されたもの，本来個人がもっているけれども未熟なためにまだ意識するには至っていないものからなります。集合的無意識とは，人類始まって以来先祖代々伝えられてきた，いわば個人を越え文化を越えた，人類共通の無意識的遺産です。

　フロイトと違ってユングは，無意識は合理性・自律性をもち，意識の偏りに対して補償的に働くと考えました。そして，意識と無意識を含めた全体の中心を自己と名づけました（図3-4）。

　全体性とか相補性というものを強調するユングは，ともすると一面的になりがちな意識に対して，無意識が補償的に作用するとみなします。たとえば，これまで意識によって排除され抑圧されて生きてこられなかった面が影を形成しますが，あまりに生き方が偏ってくると，影が補償的に働きます。また，外的世界への適応を司るペルソナに対して，内的世界への適応を司るアニマやアニムスが補償的に働きます。これら相補的な心の機能によって，私たちは偏りのない全体的な生き方へと自己を実現していくことができます。

3.2.2　ペルソナ，影，アニマ・アニムス

1. ペルソナ

　ペルソナとは，外的世界への適応のために個人が身につけた態度です。学校の先生なら先生らしいペルソナを身につけ，営業担当者であれば営業の人間らしいペルソナを身につけないと，仕事上の役割をうまく遂行することができません。社会的役割をきちんと担うためにも，社会的に適応するためにも，安定したペルソナを築くことが必要となります。ペルソナの安定しない人物は，行動の予測がつきにくく，相手からすれば信頼できないということになりやすいといえます。

　ただし，ペルソナというのは，自分本来の姿，個性といったものをある程度犠牲にすることで維持されるものであるため，あまりにペルソナに忠実に生き続けていると息が詰まって苦しくなると考えられます（コラム3-1）。その意

図 3-4　ユングの自我と自己のとらえ方のイメージ（河合，1967）

コラム3-1　ペルソナと一体化してしまうことの危険

　「ペルソナの形成に力を入れすぎ，それとの同一視が強くなると，ペルソナはそのひとの全人格をおおってしまって，もはやその硬さと強さを変えることができなくなり，個性的な生き方がむずかしくなる。いつか，マルセル・マルソーのパントマイムを見たとき，ある男がいろいろな面をかぶって喜んでいるうち，道化の面をかぶると取れなくなってしまって困る場面の演技があった。面を取ろうと苦労して，身体はもがき苦しむが，どんなに苦しんでも，ずっと顔のほうは道化の笑い顔で，この相反するものを表現してみせるところにマルソーの演技が輝きを見せる。これは，まさに硬化したペルソナの悲劇を演じているものと感じられたのだった。」

　　　　　　　　　　　（河合隼雄『ユング心理学入門』培風館）

味では，ペルソナを脱ぎ捨てて個性をあらわす場をもつことも必要であり，適度な柔軟性をもつことも大切です。ペルソナを外すことができず，ペルソナに同化した生き方をしている場合，過剰適応の問題が生じがちです。

2. 影

影とは，これまで生きてこなかった自分の半面，つまり「もう一人の自分」を意味します。現実への適応に一所懸命になっているうちに，本人もその「もう一人の自分」を見失ってしまうことになりがちです。そのような「もう一人の自分」は，無意識の中に眠っており，夢の中で人間像としてあらわれることがあります。多くの場合，夢をみた人と同性の人物としてあらわれます。

ユングの弟子フォン・フランツがユングとの共著において，48歳の男性の夢を紹介しています。その男性は，自力で這い上がろうと頑張って働いてきた人で，仕事熱心で，自分に厳しく，快楽や自発性を抑圧して生きてきました。その人のみた夢は，コラム3-2のようなものでした。

この夢の中の地下室は，夢をみた人の心の地下室，つまり無意識の世界を指すと考えられます。その裏庭で大声で笑いながら近づいてきた小学校時代の仲間は，夢をみた人が生きてこなかった側面，いつの間にか忘れ去られ，見失われてしまった側面が人格化されてあらわれたものとみられます。走り去るのを見かけた野性的な馬も，夢をみた人に欠けており，必要とされる性質をあらわすとみられます。それは，まじめに働くことで抑圧してきた，快活な面や自由奔放な面と考えられます。そろそろ一面的な生き方をやめてもいいのではないか，もっと自分の潜在的な性質や欲求を表に出して，全面的に生きてもいいのではないか，といった心の声を象徴する夢といえます。

ただし，これまで生きてこなかった面をいきなり大胆に表に出すと，社会適応に支障が生じがちです。自己中心的な衝動を抑えて，自分に厳しく生きてきた人が，もっと自由奔放に生きたいと思うことで，とんでもなくわがままな人になってしまうことがあります。安全な道を慎重に歩んできた人が，もっと冒険をしたい，挑戦的な生き方をしたいと思うことで，無謀な一歩を踏み出し，生活が破綻してしまうこともあります。そこでは，これまで生きてきた自分に新たな自分の一面をうまく調和させつつ取り入れていくことが課題となるの

コラム 3-2　夢にあらわれた影

「私は，町に非常に大きい家を持ち，そこに住んでいた。しかし，家の各部屋が，どうなっているかまだ知らなかった。そこで私は，家中を歩いてみて，主として地下に，いくつかの部屋をみつけた。その部屋について私は何も知らず，そこには，他の地下室や地下の通路に通じる入口さえあった。その入口のあるものは鍵がかかっていず，あるものには錠前さえついていないのをみて，私は不安に感じた。その上，何人かの労働者が近くで働いており，彼らは，忍びこんでこようと思えば忍びこめるのだ。

　私が一階へ上ってきて裏庭をとおったとき，そこにも街路や他の家に通じる入口があるのをみつけた。それらをもっとよく調べようとしたとき，一人の男がやってきて，大声で笑いながら，私たちは小学校からの古い仲間だといった。私も彼を憶えており，彼が自分の生活について話しているとき，私は一緒に出口のほうに行き，街路をぶらぶら歩いた。

　その空間には奇妙な明暗の対比があり，そのなかの大きな循環道路を歩いて，われわれは緑の芝生のあるところに到達した。そのとき，突然，三頭の馬が駆け去っていった。その馬は美しく，たくましく，野性的だがよく手入れされ，その上には誰も乗っていなかった。（それらは，軍隊から逃げてきたのだったろうか。）」
（ユング他　河合隼雄（監訳）『人間と象徴——無意識の世界（下巻）』河出書房新社）

す。

3. アニマ，アニムス

　アニマというのは，男性の心の中のあらゆる女性的心理傾向が人格化された
もので，男性の無意識の中の女性像のことです。現実を生き抜くために意識面
を理詰めで固め，感情的なものを抑圧していると，無意識の中には感情豊かな
アニマが形成されていきます。そのアニマは，意識面の偏りに対して補償的に
作用します。つまり，よりバランスのとれた生き方へと導く働きをします。

　ただし，アニマには危険な側面もあります。男性がある女性と出会ったとた
んに一目惚れしてしまい，恋に落ちるとき，そこにはアニマの力が働いている
ことがあります。はじめて会ったはずなのに，ずっと前から知っていたような
気持ちになり，不思議と身近に感じ，周囲からみれば恋に狂ったと心配せざる
を得ないほどにその女性に夢中になり，恋に溺れていく。そのような場合，男
性は自分の心の中に潜むアニマを目の前の女性に投影している，つまり自分が
求めているものをその女性の中に見たつもりになってしまうのです（コラム3
-3）。

　人生の前半において，感情面を抑えて，理詰めで，ある意味冷徹に生きるこ
とが必要であり，そうでないと厳しい職業生活を乗り切ることができなかった
という人が，人生の後半になってアニマ的な女性に惹かれるような場合，そこ
には補償的な心の作用が働いてると考えられます。目の前の感情豊かな女性に
惹かれるのは，その女性そのものが魅力的だというのではなく，自分の中の感
情的な面をもっと意識面に取り込むべきときがきたことをほのめかすシグナル
と考えることができます。

　アニムスというのは，アニマと反対に，女性の心の中のあらゆる男性的心理
傾向が人格化されたもので，女性の無意識の中の男性像のことです。アニムス
は，アニマと同様に，意識面の偏りに対して補償的に作用し，よりバランスの
とれた生き方へと導く働きをします。

4. 個性化の過程

　だれでもある価値観のもとに自分の居場所を社会に確立しようと格闘します
が，その途上で切り捨てられた部分はけっして消え去るわけではなく，無意識

コラム3-3　アニマの投影による恋

　「"妖精的"な性格をもった女性はとくにこのようなアニマの投影をうける。そのように，あまりにも魅力的なとらえにくさをもつ人には，男性はほとんど何事でも投影することができ，したがって，そのまわりに空想を織り続けることができるからである。

　このように，突然で，情熱的な恋愛としてのアニマの投影は，結婚問題に大きい障害を与え，いわゆる三角関係とそれにともなう困難さをひき出してくる。このような人生劇における解決は，アニマが内的な力であることを認識することによってのみ見いだすことができる。そのようなもつれを生ぜしめる無意識内の秘密の目的は，その人を発展せしめ，無意識の人格をより統合し，それを実際生活の上にもたらすことによってその人自身の存在を成熟せしめることにある。

　（中略）アニマが演ずる，より大切な役割は，男性の心を真の内的価値と調和せしめ，深遠な内的な深みへと導いてゆくことである。」

（ユング他　河合隼雄（監訳）『人間と象徴——無意識の世界（下巻）』河出書房新社）

の中に蓄積されていきます。ゆえに，一面的に生きれば生きるほど，影は肥大化します。また，男性が感情性を排除し，論理性を強調するなどして，世の中の通念に従って男らしく生きようとすればするほど，そのペルソナは男性的になる反面，無意識面は女性らしさを増し，感情や気分に支配されていきます。無意識にある限り自我の統制に従わないため，ちょっとした機会をとらえて感情を爆発させたりします。個人がより全体的に生きるためには，無意識の中の影や異性像に直面し，その諸性質を意識の中に統合していく必要があります。

　ユングは，人生の前半は，社会的地位を獲得したり経済的基盤を築くために，どうしても一面的な生き方をせざるを得ないが，人生の後半になったら，より全体的に生きるために，それまでの生き方では無視されてきた面に目を向け，それを自分の生き方に統合していくことが必要だとしています。

　そして，対立する要素，弱点となっている機能を統合することによって，より高次の全体性へと向かっていくことを**個性化の過程**といいます。いわゆる自己実現への道を歩むことです。ユングは，自伝の序文において，つぎのように述べています。

　「私の一生は，無意識の自己実現の物語である。無意識の中にあるものはすべて，外界へ向かって現われることを欲しており，人格もまた，その無意識的状況から発達し，自らを全体として体験することを望んでいる。」
（ヤッフェ（編）河合隼雄・藤縄 昭・出井淑子（訳）『ユング自伝1——思い出・夢・思想』みすず書房）

4

パーソナリティ
心理学の諸理論Ⅲ
——学習理論・認知理論的パーソナリティ理論

4.1 観察学習による行動傾向の獲得

4.1.1 観察学習とは

　賞罰によって望ましい行動を学習させ，望ましくない行動を消去するのが条件づけによる学習です。しかし，私たちの行動様式のすべてがそのように賞罰によって身につけたものというわけではありません。そこで注目すべきは，バンデューラ（1971）が唱えたモデリングという概念です。

　バンデューラは，社会的学習理論を提唱していますが，その中でモデリングというものを重視しています。バンデューラは，モデルとなる人物の行動を真似ることをモデリング，それによって成立する学習を**観察学習**と名づけました（表4-1）。観察学習とは，報酬が与えられなくても，ただモデルとなる人物の行動を観察することによって，その行動を身につけるといった形式の学習のことです。従来の学習理論では学習の成立には賞罰が必要と考えられていましたが，賞罰なしに，ただ観察するだけで学習が成立することを発見したところに，その意義があります。子どもが親の好ましくない口癖や行動をいつのまにか身につけてしまうということがよくありますが，それも観察学習によるものとみなすことができます。

4.1.2 メディア接触と攻撃性

　テレビやマンガの暴力描写や性描写が子どもや若者に悪影響を与えるのではないかとの懸念からさまざまな研究が進められていますが，これも観察学習が成立するかどうかの問題といえます。

　テレビ視聴と攻撃行動の関係については，多くの実証研究が行われています。ドラブマンとトーマス（1974）は，小学3・4年生を2群に分け，1群にのみ8分間暴力シーンの多い映像を見せました（表4-2）。その後，別室で遊んでいる2人の4歳児をビデオ画面で監督し（実際は，前もって録画された同じ映像をすべての子が個別に見ることになります）何か起こったら知らせるようにと言って席を外します。ビデオ画面では，最初のうちは平和に遊んでいた2人の間に，しだいに攻撃的行動がみられ始め，だんだんエスカレートしていきます。

表 4-1 **観察学習とは**

モデリング＝モデルとなる人物の行動を真似ること

観察学習＝モデリングによって成立する学習

報酬が与えられなくても，ただモデルとなる人物の行動を観察することによって，その行動を身につけるといった形式の学習のこと。

表 4-2 **攻撃的映像との接触と暴力に対する許容的態度**
（ドラブマンとトーマス，1974）

(a) 大人に知らせるまでの時間（秒）

	男子	女子
攻撃的な映像を見た群	104	119
映像を見ない群	63	75

（$p < .05$ で有意差）

(b) 身体的攻撃が始まる前に大人に知らせるかどうか（人数）

	始まる前に知らせた	始まってから知らせた
攻撃的な映像を見た群	3	15
映像を見ない群	11	8

（$p < .01$ で有意差）

どこまでいったら大人に知らせるかを調べるのが目的です。結果をみると，事前に攻撃的な映像を見た子のほうが，大人に知らせるまでの時間が長くなっていました。このことは，攻撃的な映像の視聴が暴力に対する許容的態度を身につけさせた，つまり観察学習が成立していることを意味します。

　ペイクとコムストック（1994）は，217の研究のメタ分析により，テレビの暴力映像が反社会的行動を増加させることを確認しています。テレビの暴力映像と攻撃行動との相関係数の平均は0.38，他人への身体的攻撃に限ると $r=.32$，犯罪的暴力に限ると $r=.13$ でした。アンダーソンとブッシュマン（2001）は，暴力的なビデオゲームの影響に関する研究のメタ分析により，暴力的なビデオゲームをすることで攻撃行動が増えることを確認しています。すなわち，暴力的なビデオゲームをすることは攻撃行動（$r=.27$），攻撃的感情（$r=.19$），攻撃的認知（$r=.27$），生理的喚起（$r=.22$）の増加と関係し，援助行動などの向社会的行動（$r=-.27$）の減少と関係していました。

　暴力的なメディアとの接触が攻撃行動の獲得を促すといった形の観察学習の効果については，実験室の研究のみならず縦断的研究によっても証明されています。ヒュースマンたち（2003）は，平均年齢8歳だった子どもたちが20〜25歳になる15年後に追跡調査した結果，8歳の頃に暴力的なテレビ番組を常習的に見ていた者は，男女とも大人になったときの攻撃性が高いことを確認しています。たとえば，8歳の時点で暴力的番組の視聴時間が上位4分の1に入っていた男性では，犯罪を犯した者は11％（それ以外の男性では3％），過去1年間に配偶者を押したりつかんだり突き飛ばしたりした者は42％（それ以外の男性では22％），過去1年間に腹を立ててだれかを突き飛ばした者は69％（それ以外の男性では50％）というように，攻撃行動をとる人物の比率の高さが目立ちました。女性でも，8歳時に暴力番組の視聴時間の上位4分の1に入る者では，過去1年間に配偶者に物を投げた者は39％（それ以外の女性では17％），過去1年間に腹を立ててだれか大人を殴ったり首を絞めたりした者は17％（それ以外の女性では4％）となっており，男性同様に攻撃行動の高さが目立ちました（表4-3）。

表 4-3 児童期の暴力的メディアとの接触と成人後の攻撃行動
（ヒュースマン，2007 より作成）

【児童期暴力的番組高接触群】（8歳時に暴力的番組の視聴時間が上位4分の1）

男　　性

犯罪を犯した者	11%
過去1年間に配偶者を押したりつかんだり突き飛ばしたりした者	42%
過去1年間に腹を立ててだれかを突き飛ばした者	69%

女　　性

過去1年間に配偶者に物を投げた者	39%
過去1年間に腹を立ててだれか大人を殴ったり首を絞めたりした者	17%

【児童期暴力的番組低接触群】（8歳時に暴力的番組の視聴時間が下位4分の3）

男　　性

犯罪を犯した者	3%
過去1年間に配偶者を押したりつかんだり突き飛ばしたりした者	22%
過去1年間に腹を立ててだれかを突き飛ばした者	50%

女　　性

過去1年間に配偶者に物を投げた者	17%
過去1年間に腹を立ててだれか大人を殴ったり首を絞めたりした者	4%

4.1.3 性格特性による観察学習効果の違い

ただし，暴力的なメディアとの接触がだれに対しても同じような影響を与えるわけではありません。そのことを示したブッシュマン（1995）の実験では，性格特性としての攻撃性が高い者，中程度の者，低い者に若者を分け，それぞれ半数には暴力的な映画を，残りの半数には非暴力的な映画を見せ，その影響を調べています。その結果，性格特性としての攻撃性が高い者においてのみ，暴力的な映画を見ることで攻撃性が高まっていました。そこから，もともと攻撃性の高い者にとって，暴力的な映画は攻撃性をさらに引き出す効果があるのではないかと結論づけています。

こうしてみると，アメリカでは暴力的メディアとの接触が攻撃行動を誘発することが多くの研究によって証明されていますが，もともとの攻撃性がアメリカ人より日本人のほうが低いことを考えると，アメリカで得られた知見がそのまま日本人に当てはまるわけではないことに注意が必要です。

4.2 学習性無力感

セリグマン（1975）は，無気力というのは生まれもっての性質なのではなく，いくら頑張ってもうまくいかないといった経験によってつくられるものと考えました。そのことを証明するために，彼は犬の条件づけを利用した実験を行っています（図4-1）。実験箱の中は，低い柵によって2部屋に仕切られており，部屋の電気が暗くなってしばらくすると，床の金属板を通して電気ショックが与えられます。犬は苦痛のため跳び回りますが，たまたま柵を跳び越えて反対側の部屋に行くと電気ショックから逃れられます。これを繰り返すことにより，多くの犬はこの仕組みを学び，部屋の電気が暗くなるとすぐに柵を跳び越えて電気ショックからうまく逃れるようになります。このような実験箱とハンモックを使って，セリグマンは2日間にわたる実験を行いました。

1日目は，犬はハンモックに固定された状態で，逃れることのできない電気ショックを何度も繰返し与えられました。実験箱と違って，ハンモックではいくらあがいても電気ショックを避けることはできません。2日目には，前述の

【電気ショックから逃げられる場合】

犬を実験箱に入れる。部屋の電気が暗くなってしばらくすると，金属板を通して電気ショックを与えられる。やがて部屋が暗くなっただけで柵を跳び越えて逃げるという行動を学習する。

電気ショックが与えられると，すぐに柵を跳び越えて逃げる。

【電気ショックから逃げられなくした場合】

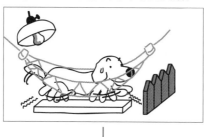

ハンモックで固定し，逃れられない電気ショックを繰返し与える。

逃げられるようになっても無気力に耐え，逃げようとしなくなる。

図4-1　学習性無力感の実験

実験箱を使って，電気ショックを何度も与えられました。実験箱では柵を跳び越せば電気ショックから逃れることができるため，通常は何度か電気ショックを受けるうちに，柵を跳び越えるという適切な行動を学習するのですが，多くの犬は電気ショックの苦痛にただ耐えるだけでした。１日目にいくらあがいても逃れることのできない電気ショックを繰返し与えられることによって，無力感というものを学習してしまったのです。

　その後，セリグマンたちは，解決不可能な課題を与え，努力しても何らよい結果が得られないといった経験を繰り返すことにより，学習意欲が低下し，気分が安定しなくなることを明らかにしました。そして，このようにして生まれる無気力状態を**学習性無力感**と名づけました。

4.3　統制の位置と原因帰属

4.3.1　統制の位置

　何かで成功したときや失敗したとき，そのような結果が出たのを自分のせいにすることを**自己責任性**といいます（表4-4）。たとえば，営業でノルマを達成できなかったとき，自分の頑張りが足りなかったというように考える人は自己責任性の高い人，営業成績が上がらないような地域を担当させられたせいだなどと考える人は自己責任性の低い人といえます。

　クランドールたち（1965）は，この自己責任性とモチベーションの関係に着目しました。そして，知的達成責任制尺度を作成し，試験や通知表の成績など学業上の成功や失敗を自分自身のせいにするか，状況や他人のせいにするかを測定しました。そのようにして測定された自己責任性と学業成績の関連を検討した結果，自己責任性の高い者ほど学業成績がよいことを見出しています。

　この自己責任性ということに関して，ロッター（1966）は，**ローカス・オブ・コントロール**という概念を提起しました。これは**統制の位置**と訳されますが，自分の行動の結果をコントロールしている要因が自分の内側にあるか外側にあるかという意味です。それによって内的統制型と外的統制型に類型化しました。何らかの結果が出たとき，原因を内的要因に帰属させる，つまり自分の

表 4-4　**自己責任性と統制の位置**

自己責任性＝何かで成功したときや失敗したとき，そのような結果が出たのを
　　　　　　　　自分のせいにすること。

　↳自己責任性の高い人ほど学業成績がよい。

統制の位置＝自分の行動の結果をコントロールしている要因が自分の内側にあ
　　　　　　　　るとみるか外側にあるとみるかということ。

　内的統制型＝何らかの結果が出たとき，その原因を内的要因に帰属させる，
　　　　　　　　　つまり自分のせいにする傾向のある人。
　外的統制型＝何らかの結果が出たとき，その原因を自分以外の外的要因に帰
　　　　　　　　　属させる，つまり他人や状況のせいにする傾向のある人。

　↳モチベーションの高い人には内的統制型が多い。

せいにするのか，それとも自分以外の外的要因に帰属させる，つまり他人や状況のせいにするかということです（表4-4）。ロッターは，原因帰属のスタイルとモチベーションの関係を検討し，モチベーションの高い人には内的統制型が多いことを見出しています（表4-5）。

4.3.2　原因帰属の2つの次元

　ただし，ここで疑問が湧いてきます。何かにつけて結果の原因を自分の内的要因のせいにする内的統制型が，常に自信をもち，高いモチベーションをもって，前向きに頑張っているともいえないのではないでしょうか。勉強にしろスポーツにしろ，成果が上がっていない人物が「どうせ自分はできないから」とやる気をなくすというのはよくあることです。自分のせいにしているわけだから内的統制型なのに，落ち込んでモチベーションを低下させてしまうのです。

　その疑問に明快に答えてくれるのが，ワイナーたち（1972）による原因帰属のタイプ分けの枠組みです。ワイナーたちは，内的統制—外的統制という統制の位置の次元に加えて，固定的—変動的という安定性の次元を交差させて，原因帰属の4つのタイプを設定しました。表4-6に示すように，外的要因としての課題の困難度と運を安定性によって区別し，内的要因としての能力と努力も安定性によって区別しました。とくに重要なのは，能力と努力の区別です。すなわち，能力というのは急に変化することはありませんが，努力は突然急変することもあります。

　ワイナーたちが成功したときや失敗したときの原因帰属の仕方とモチベーションの関係を検討したところ，原因帰属のスタイルとモチベーションとの間に密接な関係があることがわかりました。すなわち，モチベーションの高い人は，成功を「能力や努力」といった内的要因のせいにしますが，失敗については「努力（不足）」のような変動的な内的要因のせいにする傾向がみられたのです。一方，モチベーションの低い人は，成功場面においても失敗場面においても変動的な内的要因（努力など）のせいにすることが少ないことがわかりました。そこから，成功したときは固定的（能力）でも変動的（努力）でもよいので内的要因のせいにして，失敗したときは変動的な内的要因（努力）のせい

表4-5　内的統制型と外的統制型の特徴

内的統制型	物事の成否を決めるのは自分自身の能力ややり方だとみなす思考習慣を身につけている。ゆえに，自分が能力を十分に発揮できればよい結果が出るはずだ，頑張ればきっとよい結果がついてくるというように，ポジティブな見通しをもちやすい。そのため高いモチベーションをもって行動することができる。
外的統制型	物事の成否を決めるのは運や状況や他人の力であって，そこには自分にはどうすることもできない力が働いているとみなす思考習慣を身につけている。ゆえに，自分がいくら頑張っても何も変わらないといった感じで無力感に浸りがちなため，モチベーションは低い。頑張る気力が湧いてこない。

たとえば勉強でも，内的統制型の人は，自分の頑張りしだいでよい結果がついてくると考えやすいため，試験勉強などに前向きに取り組むことができる。よい結果が出たときは，「自分はやればできるんだ」と思ったり，「頑張ったから結果がついてきたんだ」と思うため，ますますモチベーションが高まる。

それに対して，外的統制型の人は，自分の行動と結果を因果関係で関連づける習慣がないため，試験勉強などもやればできるという感覚がなく，やる気になれない。たとえよい結果が出たとしても，「たまたまできただけ。運がよかったんだ」と思ったり，「今回は問題が易しかったからできたんだ」と思うだけで，せっかくうまくいってもモチベーションが上がることはない。

表4-6　原因帰属の4つの要因（ワイナーたち，1972）

		安定性の次元	
統制の位置の次元		固定的	変動的
	内的統制	能　力	努　力
	外的統制	困難度	運

にする原因帰属のスタイルがモチベーションの高さにつながることが明らかに
なりました。

4.4   説明スタイル

　ポジティブ心理学の提唱者でもあるセリグマン（1990）は，成功するには失
敗しても諦めないでいられる粘り強さが必要であり，楽観的な説明スタイルが
粘り強さのカギになると考えました。**説明スタイル**とは，何かが起こったとき，
その出来事を自分自身に説明する習慣化したスタイルのことです。

　セリグマンは，説明スタイルをチェックする楽観度テストを実施し，その1
年後の仕事の状況を調べました。その結果，楽観度テストが平均以下の人は，
平均以上の人と比べて，辞める率が2倍になっていました。また，下位4分の
1に入る人は，上位4分の1に入る人の3倍も辞める率が高くなっていました。
さらに上位半分の人は，下位半分の人よりも20％多く保険契約を成立させて
おり，上位4分の1に入る人は，下位4分の1に入る人よりも50％多く契約
をとっていました。このように楽観度によってだれが生き残るか，まただれが
多く契約をとってくるかを予測することができ，そのカギを握るのが説明スタ
イルであることが示されました。

　セリグマンは，原因帰属理論を参考に，永続性，普遍性，個人度という3つ
の次元を抽出し，それによって楽観的な説明スタイルと悲観的な説明スタイル
を特徴づけています。

1. 永 続 性

　永続性とは，それが長く続くと思うか，一時的なものと思うかということで
す。すぐに諦める人は，自分に起こった不幸は永続的であり，悪いことは続く
ものであり，いつまでも自分の人生に影響を与えるだろうと考えます。無力感
に陥らない人は，不幸の原因は一時的なものだと信じています。悪い出来事に
対する説明スタイルを例示すると表4-7のようになります。悪いことを「い
つも」とか「けっして」という言葉で考え，いつまでも続くと思いがちな人は，
永続的な説明スタイルをとる悲観的なタイプです。「ときどき」とか「最近」

表 4-7　悪い出来事に対する説明スタイル

永続的（悲観的）	一時的（楽観的）
「私はもう立ち直れない」	「私は疲れている」
「ダイエットはけっしてうまくいかない」	「ダイエットは外食するとうまくいかない」
「君はいつもがみがみ言う」	「君は私が部屋を片付けないとがみがみ言う」
「上司は嫌なやつだ」	「上司は虫の居所が悪い」
「君は口をきいてくれない」	「君は最近口をきいてくれない」

普遍的（悲観的）	特定的（楽観的）
「先生はみな不公平だ」	「セリグマン教授は不公平だ」
「不愉快だ」	「彼は不愉快なやつだ」
「本は役に立たない」	「この本は役に立たない」

自分のせい（悲観的＝低い自尊心）	外的要因のせい（楽観的＝高い自尊心）
「私はばかだ」	「お前はばかだ」
「私はポーカーの才能がない」	「私はポーカーでついてない」
「私は安定性に欠ける人間だ」	「私は貧乏な境遇で育った」

という言葉で考え，状況を限定し，悪いことは一過性であるとみなす人は，一時的な説明スタイルをとる楽観的なタイプといえます。

2. 普 遍 性

　普遍性とは，特定の理由によるものか，全般的な理由によるものかということです。自分の失敗に普遍的な説明をつける人は，ある一つの分野で挫折するとすべてを諦めてしまいがちです。一方，特定の理由によって説明をする人は，その分野では無力かもしれませんが，他の分野ではしっかりと歩み続けることができます。悪い出来事に対する説明スタイルを例示すると表4-7のようになります。

3. 個 人 度

　個人度とは，何かが起こったとき，それを自分のせいにするか，他人や状況のせいにするかということです。悪いことが起こったとき，私たちは自分のせいと考えるか，あるいは他人や状況のせいと考えます。失敗したときに自分を責める人は，結果的に自分を低く評価することになります。外的な要因を責める人は，悪いことが起こっても自尊心を失いません。ゆえに，低い自己評価は，悪いことが起きたときに自分にせいにする説明スタイルによってもたらされることが多いと考えられます。

4.5　防衛的悲観主義

　ノレムとキャンター（1986a, b）は，過去のパフォーマンスに対する認知と将来のパフォーマンスに対する期待によって，表4-8のように4つのタイプに分類しています。この中で，戦略的楽観主義者と防衛的悲観主義者が成績がよいことが多くの研究により示されています。一般に楽観的なほうがよいとされていますが，防衛的悲観主義者の場合は，将来のパフォーマンスに対して不安があり，楽観的になれないことが，成績のよさにつながっていると考えられます。防衛的悲観主義者は，不安を感じながらも粘り強く課題に取り組みますが，その背後には，過去のパフォーマンスに対するポジティブな認知による自信と高いモチベーションがあります（ノレムとキャンター，1986a，b；シー

表4-8 **楽観主義・悲観主義の4タイプ**

①**戦略的楽観主義**……過去のパフォーマンスに対してポジティブな認知をもち，将来のパフォーマンスに対してもポジティブな期待をもつ。	
②**防衛的悲観主義**……過去のパフォーマンスに対してポジティブな認知をもつが，将来のパフォーマンスに対してはネガティブな期待をもつ。	
③**非現実的楽観主義**……過去のパフォーマンスに対してネガティブな認知をもつが，将来のパフォーマンスに対してはポジティブな期待をもつ。	
④**真正の悲観主義**……過去のパフォーマンスに対してネガティブな認知をもち，将来のパフォーマンスに対してもネガティブな期待をもつ。	

リーたち，2008）。むしろ，将来のパフォーマンスに対して不安があり，楽観的になれないことが，用意周到な準備行動を通して成績のよさにつながっていると考えられます（ノレム，2002，2008）。

　清水・中島（2018）は，潜在的な自尊感情の測定をすることで，防衛的悲観主義者の潜在的自尊感情は戦略的楽観主義者と同じくらい高いことを確認しています。不安が強く，一見自信なさげな防衛的悲観主義者ですが，じつは過去の実績をもとに潜在的には高い自尊感情をもっているため粘り強く課題に取り組むことができるのです。

　ノレムとイリングワース（1994）は，防衛的悲観主義者と戦略的楽観主義者に標準的な知能テストに似た問題をやらせる実験を行っています。実験を始める前に，参加者の半分に課題の出来を予想してもらうと，防衛的悲観主義者は，戦略的楽観主義者と比べて，自分の出来をかなり低く予想しました。実際には彼らの能力は互角だったのですが，防衛的悲観主義者は自分自身の成績の予想に関しても悲観的であることが示されました。残りの半分の参加者には，「あなたの実力なら，きっとうまくやれるはず」と伝えたところ，それに影響されて，単に課題の出来を予想させられたグループよりよい成績を予想しました。

　興味深いのは実際の成績です。防衛的悲観主義者は，「あなたの実力なら，きっとうまくやれるはず」と言われることで，そう言われなかったグループよりもよい成績を予想したのですが，実際の成績は，そう言われなかったグループより悪くなりました。すなわち，防衛的悲観主義者は，悲観的なままでいたほうがよい成績を上げることができ，楽観的になるとかえって成績が悪くなることがわかったのです。

　ここからいえるのは，だれもが楽観的な心の構えをもつことでうまくいくわけではないということです。日頃からうまくいくかどうか不安を抱きがちな人の中には，その不安をうまく活かしているタイプがいて，不安ゆえに用意周到に準備したり，注意深く事に当たったりするため，うまくいく確率が高まっているのです。

パーソナリティ心理学の諸理論Ⅳ
——人間性心理学的・物語論的パーソナリティ理論

5.1　第三勢力の心理学

　フロイトに始まる精神分析的心理学は，人間は過去経験によって大きく規定されており，本人が制御しきれない無意識の力に突き動かされていると考えます。ワトソンに始まる行動主義心理学は，人間は環境からの刺激によって大きく規定されており，刺激―反応の結びつきで人間行動を説明することができると考えます。

　両者を比較すると，幼少期の体験を重視するところ，そして人間は何ものかによって動かされている受動的存在であるとみなすところが共通といえます。ただし，精神分析的心理学は無意識が人間行動に及ぼす影響を重視するのに対して，行動主義心理学は意識や無意識といった主観的なものは一切排除し，外から観察可能な行動のみを取り上げるという点に大きな違いがみられます。

　これら2つの潮流に対するアンチテーゼとして登場したのが**人間性心理学**です。従来の心理学に満足できない者が独自の道を歩み始めるという事態をいたるところに見出したマズローは，これらの多くに共通な気概を感じ，前述の二大勢力に対する新しい立場という意味で，第三勢力の心理学という名のもとにこれらの動きを一括しました。

　人間性心理学の特徴を表5-1に整理しました。このような人間性心理学は，精神分析的心理学や行動主義心理学が軽視する人間の意識的世界を重視するものといえます。

5.2　マズローの人間性心理学

5.2.1　積極的健康の心理学へ

　精神分析的心理学が病んだ人間の研究をもとに人間の心理や行動について論じるのに対して，マズローは人間の本性について論じるには健康な人間を研究することも必要であるとします。また，行動主義心理学が統計的方法を駆使して平均的な人間像をとらえようとし，可能性よりも現実を研究するために，十分に発達した人間よりも現実に適応した人間の描写に終始するのに対して，マ

表 5-1　人間性心理学の特徴

①人間の部分的機能を分析するよりも統一性をもった全体と
　して人間を総合的に理解しようとする。

　　そのため，外から観察できる行動によって客観的にとらえ
るのでなく，本人の意識という主観を通して知ることができ
る内面をとらえようとする。

②過去経験や無意識の力といった外的決定因よりも，本人の
　価値観や意味の探求を重視する。

　　与えられた刺激に反応する側面よりも，主体的に選択し，
意味を追求しながら行動していく側面に焦点を当てる。

　　そのため，精神分析的心理学や行動主義心理学が軽視する
人間の意識的世界を重視する。

③人間の病的な側面だけでなく，健康な側面にも光を当てて
　いく。

ズローは自己の可能性を十分に実現している人間について研究することも必要であるとします。さらに，行動主義心理学が動物実験の成果をそのまま人間に当てはめ，人間に独自な諸性質の研究をおろそかにしていることや，客観的方法にとらわれるあまり人間本性の理解のために重要と思われる主観性を研究対象から除外していることなどを批判します。

　このような志向をもつため，マズローは精神的に健康な人間についての研究を行いました。マズローは，方法の厳密さにこだわるあまり意味のわからない細かな研究に陥りがちな現状に対して批判的なため，目的よりも方法を重んじることで大胆さに欠けた陳腐な研究になることを嫌い，方法の厳密さよりも研究の意義を重視しつつ，新たな領域を開拓することとなりました。そしてマズローは，自己の才能・能力・可能性を十分に開発し，活かしていると思われる伝記上の人物，現存の公的人物，大学生，身近な人々などを研究した結果をもとに，精神的健康の条件や人間の欲求に関する新たな理論を導き出しました。

5.2.2　自己実現的人間の特徴

　マズロー（1954）は，自己の可能性を十分に実現している人間を**自己実現的人間**と呼び，精神的に健康な人間の極に置いています。その特徴として，表5-2のような15の側面をあげています。榎本は，この自己実現の15側面をもとにして自己実現傾向を測定する尺度（ESA）の開発を試みています（榎本，1982，2010）。

　自己実現的人間は，けっして何かに駆り立てられることなく，自分の意思によって行動します。しかし，平均的人間は，常に何かに駆り立てられるかのように行動します。この違いを説明するために，マズローは欲求の階層説を唱えました。

5.2.3　欲求の階層説

　人間の行動パターンにはさまざまなものがあります。安全や安定に強くこだわる者もいれば，それほどこだわらずにリスクをとって挑戦する者もいます。承認欲求の虜になっているかのような者もいれば，人からの評価にとらわれず

表 5-2　**自己実現的人間のもつ 15 の特徴**（マズロー，1954 より作成）

1　主観を極力排し，事実をありのままに見る現実認知の正確さ。
2　あるがままの自己・他者および自然に対する受容性。
3　自己の内面からわきあがってくるものを自由に表出し，それにもとづいて
　　行動する自発性。
4　自己にとらわれず，自分の外の問題に興味をもち，没頭することができる
　　問題中心性。
5　世俗的なもめごとに心を乱されることなく，孤独を恐れず，適度のプライ
　　バシーを求める超越性。
6　周囲からの評価に左右されない自律性。
7　日常的に繰り返される生活においても，喜びや驚きをもって新たな発見を
　　する鑑賞力の新鮮さ。
8　自己を越え，現実を越えた神秘的経験に対する感受性。
9　人類全体に対して，単一の家族であるかのような一体感を抱く共同社会感
　　情。
10　少数の友人や愛する人との間の心を開いた親密な関係。
11　偏見や差別意識をもって人に対することのない民主的性格構造。
12　確固とした倫理感覚による手段と目的の区別。
13　哲学的で悪意のないユーモアのセンス。
14　既成のものにとらわれない自由な発想にもとづく創造性。
15　ただ受動的に文化に組み込まれることに対する抵抗。

に自由に行動する者もいます。それは，いわばパーソナリティの違いということになりますが，そうした違いを説明する際に，**欲求の階層説**は有力な手がかりを与えてくれます。

マズロー（1962）は，欲求というのはけっして悪いものではなく，中立的かむしろよいものであり，満たすべきものであると考えます。その根拠として，**表 5-3** のような性質をもつ欲求は生きていくために基本的なものであり，その欠乏は人間をその獲得へと駆り立てるのだとします。

マズローは，このような基本的欲求として，生理的欲求，安全の欲求，愛と所属の欲求，承認と自尊の欲求の 4 つをあげています。これらは**図 5-1** のように階層的に位置づけられ，下層のものほどより基本的で，まず優先的に満たすべきものとされます。すなわち，まずは生理的欲求が満たされなければならず，これがある程度満たされると，つぎに安全の欲求が前面に出てきて，それを満たすような行動をとることになります。このように下層の欲求がある程度満たされるとその上の欲求が前面に出てくるという形で，欲求は順々に上層のものへと上昇していきます。そして，4 つの基本的欲求がそこそこ満たされると，これらの欠乏欲求とは異なる成長欲求があらわれてくると言います。

基本的欲求のことを欠乏欲求というのは，それらの欲求は他者によって満たしてもらう必要があり，その欠乏がそれを求める行動に駆り立てるからです。基本的欲求が満たされるにつれて，周囲に依存することがより少なくなり，自分の潜在的な性質や可能性を活かした個性的な生き方へと歩み始めます。これは，自分に欠乏しているものを周囲から獲得しようという欲求とは別の，今の自分以上のものになろうという欲求という意味で，成長欲求といえます。これを自己実現の欲求ともいいます。成長欲求には，真実を求める欲求，美を求める欲求，善を求める欲求，独自性を求める欲求，自立を求める欲求，完全性を求める欲求などがあります。愛と所属の欲求や承認と自尊の欲求がある程度満たされてくると，この成長欲求が意識されるようになります。そして，欠乏欲求中心の生き方から成長欲求中心の生き方へと転換していく過程のことを**自己実現の過程**といいます。

基本的欲求がかなり満たされた者でも，完全に満たされることはなく，満た

表 5-3　**基本的欲求のもつ性質**

①阻害された人は，その満足をたえず求め続ける。
②それらの阻止が人を病気にしたり，衰弱させたりする。
③それらの満足が治療効果をもち，欠乏疾患を治す。
④持続的な補給が，これらの欠乏による病気を予防する。
⑤健康な人々には，これらの欠乏はみられない。

図 5-1　**欲求の階層説**

されない部分をいくらかは残しているものです。その満たされない部分が，その人の行動に知らず知らずのうちに影響を与えます。そうした行動を理解するにも欲求の階層説は有効です。

5.3　ロジャーズによる自己概念と経験の一致

　自己実現を重視するのは，心理療法家ロジャーズも同じです。ロジャーズは，外から治療するのではなく，本人の中に自身を強化する方向に全能力を発揮しようという実現傾向があることを前提として，それを目覚めさせることで望ましい方向への自己の変容が起こると考えます。

　そのようなロジャーズ（1951a, b）は，パーソナリティ理論においても本人の意識の世界，とくに自己概念の役割を重視します。自己概念は，幼児期以降の主として親との相互作用の中でしだいに明確な形をとっていきます。その際，子どもは親を代表とする重要な他者によって評価される存在だということが大きな意味をもちます。子どもは，しつけなどを通して，「あなたが○○である場合にだけ，私はあなたを認めます」「○○のようなあなたは嫌いです」といった選択的評価にたえずさらされています。そして，自己を意識するようになるにつれて，肯定的に評価されたいという欲求を発達させます。したがって，親を中心とする重要な他者による期待に応える方向に自己を形成していこうとし，重要な他者によって与えられた評価が自己概念の中心的な部分を形成することになります。

　ロジャーズは，心の中の葛藤に悩まされるような場合，自己概念と実際の経験の間のズレが大きくなっていると考えます。そこで必要なのは，実際の経験を汲み上げられるように自己概念を修正していくことです。私たちの感情は自己概念を通して意識され，私たちの行動は自己概念に沿った形で決定され実行に移されます。ここからいえるのは，自己概念が変われば，物事の受け止め方も変わり，行動のとり方も変わるということです。ゆえに，カウンセリングにおいても，自己概念による縛りから自由になり，今自分自身が実際に感じていることへの気づきを促し，経験に対して開かれていくことを目指します（図5-2）。

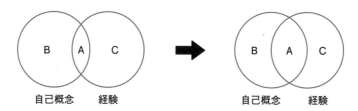

A：自己概念と経験が一致している領域
B：自己概念に合わせて経験が歪曲されている領域
C：自己概念と矛盾するため経験が否認されている領域

図 5-2　自己概念と経験のズレ

ロジャーズは，夫に捨てられた母親によって育てられた娘の例をあげている。彼女は，父親に対して嫌悪感を抱くなど否定的な感情を経験していたが，じつは肯定的な感情も心のどこかで感じることがあった。だが，母親とのかかわりの中で形成されてきた自己概念に縛られ，肯定的な感情は抑圧されて意識にのぼらず，嫌悪感ばかりが意識されるようになっていた。ところが，カウンセリングが進むにつれて，ありのままの自分の経験を感じ取れるようになっていった。母親が父親を憎み，自分にも同じく父親を憎んでほしいという母親の気持ちに自分が気づいていることや，自分がある点では父親を憎んでいるが温かい感情も経験していることを素直に意識できるようになったのである。

このような変化は，父親にまつわる自己の経験に対して，母親による条件つきの受容を獲得すべく防衛的な認知しかできなかったのが，経験への開放性が増すことで，ありのままに認知できるようになっていったとみなすことができる。

5.4　フランクルの実存分析と意味への意志

　人間性心理学には，実存主義思想の影響が色濃くみられます。ヨーロッパの精神医学ではありますが，アメリカにおける人間性心理学の展開と親和性の高いものに，フランクルの実存分析があります。フランクルは，人間が生物学的にも心理学的にも規定されていることは認めますが，人間には身体的，心理的および社会的条件に立ち向かう側面もあり，それこそが人間を特徴づける能力であるとします。それゆえ，人間は自由に自分のパーソナリティを形成することもでき，またそれに対して責任をもつことになります。

　そこでフランクルが重視するのは意味への意志（フランクル，1969）であり，人間は意味を求める存在であるとします（コラム5-1）。さまざまなコンプレックス，葛藤，心的外傷などが病因と考えられている症例の中にも，じつは意味への欲求不満が病因であることが多いといいます。「（前略）ちょうど引潮になると浮かび出てくる暗礁が引潮の原因であると推論するようなものである。現実には引潮がただ暗礁を露わにするにすぎないのである。同様に，雑多なコンプレックス，葛藤，心的外傷などは疾患の原因なのではなくて，患者は不安や心配に支配されているためにそれらが浮かび上がってくるに他ならないのであり，そのような患者の不安は既に神経症の結果を示しているのである」（フランクル，1956）。実存的欲求不満（実存的空虚感）に陥った者は，時間的展望を失い，その日暮らし的にその瞬間瞬間を衝動的に生き，自由と責任の重みを回避し集団の中に埋没していきます。

　フランクルは，人間にはフロイトの言うように快楽を追求する側面やアドラーの言うように権力を追求する側面があるものの，最終的に重大な意味をもつのは自分の人生が意味によってどれだけ満たされているかということであるとします。すなわち，人間は本質的には意味への意志によって支配されているとみなします。

　人間を衝動によって駆り立てられるもの，快感を求めるものとみる精神分析に対して，実存分析は人間は意味を求め価値を実現するために決断するものとみます。人間は，衝動的なものによって駆り立てられるのではなく，価値ある

コラム 5-1　意味への意志と実存的空虚感

「（前略）意味への意志は，成功や幸せにかかわる事柄であるばかりか，人の生存にかかわってくる事柄なのである。

現代の心理学用語で言えば，意味への意志は『生き残る価値（survival value）を持った概念なのである。このことは，私がアウシュヴィッツとダハウで過ごした三年間の体験の中で学んだ，まさに教訓であった。つまり，ほかの事情が同じならば，強制収容所を生き残る可能性の最も高かった人は，未来に向かって生きることのできた人たちであった。それは，いつの日か，この私が帰ってくるのを待っているであろう，達成すべき課題や出会うべき人に向かって生きることのできた人たちであり，いつの日かこの私自身によって満たされるべき意味に向かって生きることのできた人たちなのであった。』

（フランクル　諸富祥彦（監訳）『〈生きる意味〉を求めて』春秋社）

「実存的空虚は 20 世紀において広く行き渡った現象であります。（中略）何をなさねばならないかを人間に告げる本能がなくなり，また何をなすべきかを人間に告げる伝統もなくなりました。やがて人間は，自分が何をなしたいのかをも知らなくなるでしょう。人間はますます，他人たちが彼にしてほしいと欲することによって支配され，その結果，ますます画一主義の手に落ちていくことになるでしょう。

（中略）

この実存的空虚は主に退屈の状態の中に現われてきます。今やわれわれはショーペンハウエルが，人類は明らかに苦悩と退屈の両極を永遠に揺れ動くように運命づけられている，と述べたことを理解できます。事実，退屈は今や，苦悩よりも多くの解決すべき問題を引き起こしており，それらの問題がまさに精神科医のもとに持ち込まれてきているのです。そして，これらの問題は今後ますます深刻なものになっていくでしょう。」

（フランクル　山田邦男（監訳）『意味による癒し──ロゴセラピー入門』春秋社）

ものによって惹きつけられるのだと考えます。「価値はわたしを引きつけはするが（中略）駆り立てはしない。わたしは価値実現のために自由と責任において決断する（中略）精神的なものの力動性は衝動性によってではなく，価値追求性によって基礎づけられている。」（フランクル，1951）。

　フランクルの意味への意志という概念は，日々の生活を意味で満たしたいという意味を求める志向を指しています。そのような意味を志向する心理傾向に関するフランクルの記述をもとに，榎本（2010）は，意味志向性尺度を作成しています。そこでは，意味を志向する心理傾向をあらわすと考えられる12の要素を設定しています（表5-4）。

5.5　物語論によるパーソナリティの把握

5.5.1　モザイク的理解から物語的理解へ

　パーソナリティ心理学を体系化し，特性論の提唱者でもあるオールポート（1961）は，個人を深く理解するには，さまざまなパーソナリティ特性をそれぞれどの程度ずつもっているかを知るだけでは不十分であると指摘しています。たとえば，支配性，外向性，自信といったパーソナリティ特性において高得点を示したとしても，その人物が好ましい指導者であるのか，それともただの傲慢な人物であるのかはわからないと言います。そこでオールポートは，個々のパーソナリティ特性を有機的に結びつけて具体的な人物像を浮かび上がらせるために，日記や手紙などの個人的文書を活用することの必要性を説いています。このことはまさに，具体的なエピソードの中にこそ個人の自己あるいはパーソナリティが生き生きと表現されることを示唆するものといえます。

　モザイク的なパーソナリティのとらえ方の欠点を補うのが，**物語性のあるエ**ピソードからその生き方の特徴をとらえようという試みです（榎本，1999）。私たちは，自分のことを知ってもらいたいとき，自分の特徴をよくあらわしていると思われるエピソードを語るということをしますが，具体的エピソードはパーソナリティ理解のカギを握るものといえます。

表 5-4　**榎本の意味志向性尺度の 12 要素と項目例**（榎本，2010 より）

---

①**状況に流されない自由（決断，投企）**
　項目例（以下，同様）：状況に流されず，自分で決断することができる。
②**他者からの呼びかけに応答するという責任性（問われている存在という意識）**
　「いまここで自分が何を求められているか」をよく考える。
③**苦悩する存在（悩みと向き合う態度）**
　悩み事があってもあまり深く考えない（逆転項目）。
④**苦悩に意味を見出す態度**
　悩むのは苦しいけれども真剣に生きている人間の証だと思う。
⑤**意味追求性（現状に意味があるかどうかを感じるのではなく，意味を求める志向性）**
　今していることが自分の人生でどんな意味をもつのかをよく考える。
⑥**逆境の意味づけ**
　どんな辛い出来事や嫌な出来事も振り返れば自分のためになっていると思う。
⑦**態度価値**
　苦しいときの態度のとり方にこそ人間としての価値があらわれると思う。
⑧**体験価値**
　感動的な体験を積極的に求めていきたい。
⑨**創造価値**
　何かを生み出したいという気持が強い。
⑩**意味の客観性，発見されるものとしての意味**
　自分の人生から求められている「やるべきこと」を見つけたいと思う。
⑪**意味の具体性**
　人生の意味というものは，目の前のやるべきことに専念しているうちに自ずと明らかになってくるものだと思う。
⑫**自己超越性**
　自分のためだけでなく，他の誰かのために行動したいと思う。

5.5.2　特性論から物語論へ

　私たちは，客観的な事実の世界を生きているのではなく，主観的な意味の世界を生きています。同じような状況に置かれていても人によって反応が異なるのは，その状況が自分にとってもつ意味の解釈の仕方が違うからだと考えられます。自分の身に降りかかった出来事などの事実という素材に対して，どのような意味づけをするか，それによって反応の仕方が決まってきます。私たちは，事実に反応するのでなく，意味に反応するのです。

　自然科学をモデルとして心理学を確立しようという動きの中で，人間の内面を切り捨てる行動主義心理学も，人間の内面を情報処理システムとして扱う認知心理学も，心の現象の豊かさを単純化し平板化してしまい，人間生活にとって最も重要な意味生成のプロセスを見失うことになりました。そうした流れに対して，認知心理学者ブルーナー（1990）は，意味の次元を扱うことの必要性を痛感するに至りました（コラム5-2）。

　自然科学をモデルとすることによって見失われてきた人間の心の意味生成過程を扱うには，個人が自分の生きている世界をどのように解釈するかを問題にすることが不可欠であり，そのような解釈のプロセスは本人が自分自身の経験をどのように語るかを通してとらえることになります。こうして，無味乾燥で客観性を保持し得る数字を用いて計算可能性を支えとする擬似自然科学的な心理学とは別に，人間の意味生成の過程を探求すべく「語り」という行為を対象とする解釈学的な心理学の必要性が浮上してきました（榎本，2008a）。

　そこでは，個人のパーソナリティの特徴をその構成要素である特性の羅列としてとらえるのではなく，個々の行動の意味や人生の意味といった解釈された意味の次元においてとらえることが目指されます。物語論を用いることで，特性論のみによってはとらえきれない側面に迫ることができます。榎本（1999，2002）は，個人の自己のアイデンティティは物語として保持されているとする立場から自己物語の心理学を提唱していますが（表5-5），特性論の限界，そしてそれを補う物語論の有用性について説いています（コラム5-3）。

コラム5-2　**取り残された数量化しにくい「意味の次元」**

　「『意味』から『情報』へ，意味の構成から情報の処理へと重点の移行が始まったのはずいぶん早い時期からである。（中略）この移行のカギとなる要素は，支配的なメタファーとして『計算操作』ということの導入であり，良き理論モデルの決め手となるのに必要な規準として，計算可能性という考えを導入したことである。情報は意味の側面に対しては関心を示さない。（中略）情報処理は，明確に定義され恣意性をもった登録事項を超えるようなものを何一つとして扱うことができない。このようなシステムは，あいまいで，多義性をもつものや，比喩的で含みのある結びつきをもつものなどを扱うことができない。（中略）情報処理は，前もって用意された段取りと厳密なルールを必要としている。（中略）やっかいな形の問いは排除する。（中略）『計算する』ということが心のモデルとなり，『意味』という概念の位置にとって代わって『計算可能性』という概念が出現したのである。」　　　　　（ブルーナー，1990）

表5-5　**自己物語とは**（榎本，1999）

自己物語＝自己の成り立ちを説明する物語のこと。
自己物語の文脈が機能することによって，自分の行動や自分の身に降りかかった出来事に首尾一貫した意味づけを行うことができる。

5.5.3　マクアダムスのパーソナリティの３層構造モデル

　マクアダムス（2006）は，意味の次元を取り込んだパーソナリティ理解の枠組みを提示しています。特性論的な心理学は伝記的，社会的，歴史的な文脈において人間を全体として理解するための包括的な枠組みを提供することができなかったとするマクアダムスは，ナラティブの次元を導入してパーソナリティの３層構造モデルを提唱しています（図 5-3）。

　第１水準は，気質的特性（dispositional trait）の領域です。ビッグ・ファイブの特性のように，広く，線形の，両極性の，相対的な，文脈から切り離された，人々の間の差異に関するものです。一般に自己報告式の質問紙や他者評定によって測定され，個人の特徴の大雑把な輪郭を描くものです。こうしてとらえられた特性は，概括的で文脈から切り離されているため，個々の状況と結びついた行動や個人的特徴の変化をうまく説明することができません。

　第２水準は，特有の適応様式（characteristic adaptation）です。これは，時間や空間，社会的役割などにより文脈的に説明できるパーソナリティのより特殊な側面に関するものです。その人物のもつ固有の動機，目標，関心，態度，価値観，コーピング・スタイル，防衛メカニズム，対人関係様式，社会的スキーマ，発達段階にふさわしい関心などが含まれ，特定の状況や社会的役割との関連においてどのように振る舞うかを説明するものです。第１水準の気質的特性がある人物が一般的にどのような人物であるかの概略を示すものとすれば，第２水準の特有の適応様式は日常の具体的な状況のもとでどのように振る舞うかを説明するものといえます。

　第３水準は，統合的ライフストーリー（integrative life stories）です。これは，自分の人生の意味を理解するために人々が構成する内面化され発展しつつある自分自身のストーリーです。それは，個人と，その中で個人の人生が意味をもつことになる社会的世界との相互作用を通して構築されます。私たちは，経験を組織化して表現するために物語を用いますが，その際に用いる語りの形式や内容のメニューを文化が提供します。

　このマクアダムスのモデルの第３水準のライフストーリーは，まさに意味の次元を扱う語りをとらえようとするものといえます。第１水準や第２水準では

コラム5-3 特性論の限界と物語論の有用性

　「『自分とは何か』との問いに対しては，さまざまな答を出すことができる。名前，所属や社会的地位を答えることもできるし，容姿・容貌といった外見的特徴，学業能力・対人関係能力・運動能力といった能力的特徴，性格的特徴など，自己のさまざまな側面を答えることができる。しかし，こうした自己の諸側面をいくら並べたところで，『ここにいる自分』というものは依然として見えてこない。紛れもなくこの人生を生きている自分というものがありながら，どうしてもその姿をとらえることができない。

　この行き詰まりを脱するひとつの手段として，自己というものを実体視することをやめるというやり方がある。自分というものをこの身体をもちここにいるものとみなすのでなく，たとえば『自分とはひとつの生き方である』とみなすことにする。………そこでは，『自分とは何か』という問いは，『自分はどのような生き方をしているのか』という問いに形を変える。自分を振り返るには，まず自分はどんな人生を送ってきたかを振り返ればよい。そして，この先どんな人生になるだろうか，自分はどんな人生を送りたいのだろうかといったことを具体的に考えてみればよい。」　　　　　　（榎本，1999）

図 5-3　マクアダムスのパーソナリティの 3 層構造モデル（榎本，2008）

人間生活における意味の問題を扱うことができません。そこで，第 3 水準において語りを俎上に載せることで，人々が自分自身の人生の意味をどのように探求し見出すのかを説明できるようにしようというわけです。榎本（1999，2002，2008a，b）が提唱する自己物語の心理学も，マクアダムスの言う第 3 水準に相当する人生の意味の次元に迫ろうというものです。

5.5.4　興隆するナラティブ研究

　語りという行為を対象とする解釈学的心理学は，**ナラティブ研究**という旗印のもとに盛んにその存在意義をアピールし始めています。しかし，ナラティブ研究は，これまで心理学の主流を占めてきた擬似自然科学的な心理学において排除されてきた人間の心理過程における意味生成の次元をとらえようという目的を共有するところにおいてのみ結集している感があり，その方法論は確立されておらず，未だ模索の段階にあるといってよいでしょう（榎本，2008a，b）。

　意味の次元の探求を重視するジョッセルソン（2006）は，解釈学的な立場をとるナラティブ心理学は，人間は物語を生み出すのに似た自伝的過程を通して自分の人生を創造するという前提に立っているとしています。そこでの関心は，人生における具体的な事実ではなく，選択的に着目された内的・外的経験から立ちあらわれてくる意味のある型です。人々の人生経験は，過度に単純化された測定尺度や人工的な実験条件をもとに中心傾向や統計的に有意な集団差を追求する試みの中で見失われてしまったとするジョッセルソンは，ナラティブ・アプローチこそ心理学が人々の人生を生きられているものとして観察し分析することを可能にするものであるとしています。実際，マクアダムス（2006）もいうように，ナラティブ研究者たちは，特定の価値観や道徳的指針が，人生物語や家族物語，あるいはより広範囲のコミュニティや社会の神話の中にいかに反映され，またそれらによっていかに形成されていくかを検討しています。

　自分にとっての意味の問題がとくに浮上するのは，困難なライフイベントに見舞われた場合や大きな人生上の決断を迫られた場合，いわゆる転機においてです（図 5-4）。重大な困難に直面し，生活構造の大きな組替えを余儀なくされたとき，個々のライフイベントや生活の要素に対する新たな意味づけを模索

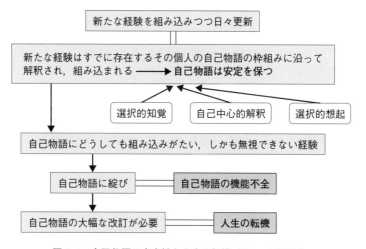

図 5-4 **自己物語の安定性と人生の転機** （榎本，2008b）

することになります。そのような局面において，人々がどのように逆境を意味づけるのか，自分を取り巻く世界の意味づけをどのように変えていくのかといった問題が浮上します。転機における語りを俎上に載せた研究は，そこに迫ろうというのです。たとえば榎本（2005）は，40代から50代の母親を対象に記述式の**自己物語法**（榎本，2007）を用いて，時系列に沿ってとくに思い出すエピソードの記述に加えて，これまでの生き方に疑問を抱いたり，今後の方向性について自問したりした経験についても記述してもらうという調査によって，アイデンティティをめぐる問いに対する取組みから解決に至る心理メカニズムを検討しています。転機は，病や不慮の事故によってもたらされることもあります。病気にかかるという生活上の大きな変化のもつ意味を理解していく過程で，自分の置かれた状況とそれを意味づける語りの関係を検討する研究もありますが（クロスリー，2000；フランク，1995），ヘイニネン（2004）は，病の語りに関する研究は，最も苦痛な経験に対してさえも意味や尊厳を与える語りのもつ解釈の力を明らかにしていると指摘しています。

　自己物語が変容すれば，物事や状況のとらえ方が変わり，行動のとり方も変わってきます。物事や状況のとらえ方や行動のとり方の個性を説明するのがパーソナリティであるなら，自己物語の変容はパーソナリティの変容を意味するといってよいでしょう。そのような観点からすれば，パーソナリティの変容は自己物語の変容をたどることで検討できるということになります（榎本，2008b）。

6

パーソナリティ形成の諸要因

6.1　パーソナリティの形成要因

6.1.1　遺伝・環境要因に関する諸説

　パーソナリティの形成には，遺伝要因と環境要因が複雑に絡み合っています。たとえば，親子が似ていると，「血は争えない」などと遺伝のせいにしがちですが，そうした類似性を遺伝によるものと決めつけるわけにはいきません。親というのは子にとって最も身近な環境要因として機能しているからです。そこで，まずはパーソナリティの形成要因に関する諸説について概観していくことにしましょう（図6-1）。

1.　単一要因説

　私たちのパーソナリティは遺伝によって決まっていて生涯を通してほとんど変わらないものなのか，それとも生後の環境の影響によっていくらでも変わり得るものなのかという問いに対しては，遺伝か環境か，素質か経験か，成熟か学習かといったさまざまな形での議論が行われてきました。

　身分や社会体制が固定的な時代には，生得的な素質がしだいに展開してくるのだという成熟要因を重視する遺伝説が力をもっていました。それは身分制社会を安定させるのに有利だということがあったのでしょう。ところが，社会が流動的になり民主平等思想が定着していく動きと並行して，生後の経験によってさまざまな性質を身につけていくという学習要因を重視する環境説が力をもつようになりました。

2.　輻輳説（加算的寄与説）

　20世紀の半ばを過ぎる頃から，遺伝か環境かというような単純に割り切った議論は下火となり，遺伝も環境もともに関係しており両者の絡みを解きほぐそうという考え方が主流となってきました。「遺伝か環境か」というようにいずれか一方の要因のみを認める単一要因説から「遺伝も環境も」というように両要因の絡み合いを前提とする輻輳説への転換です。そのような輻輳説を唱えたのはシュテルンです。シュテルンは，心理的な性質は生得的素質の単なる発現でもなく，また環境的要因の単なる受容でもなく，両者の輻輳の結果であるとしました。そして，遺伝要因と環境要因がともに働いて一定の特性が形成さ

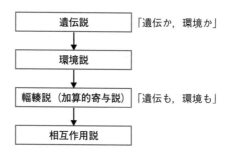

図 6-1 遺伝・環境要因に関する諸説の変遷

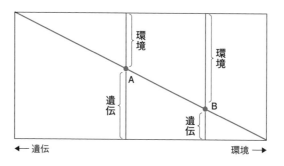

図 6-2 ルクセンブルガーの図式

れるとみなしますが，個々の特性ごとに遺伝と環境の関与する割合が異なると考えました。図 6-2 は精神疾患における遺伝規定性の強弱を説明するためにルクセンブルガーが用いた図式ですが，パーソナリティ特性に関しても用いることができます。たとえば，図の特性 A は遺伝要因と環境要因の比率が 6 対 4 くらいで遺伝要因が勝っていますが，特性 B では 1 対 3 くらいで環境要因のほうが大幅に勝っているということになります。

3.　相互作用説

　輻輳説の登場により，遺伝か環境どちらかの要因のみを想定する単一要因説は排除されました。しかし，遺伝要因と環境要因を別々に切り離されたものとみなし，両者を加算的にとらえようとするところが批判されることになります。輻輳説は加算的寄与説とも呼ばれますが，遺伝要因と環境要因の絡みはそのように単純に加算的にとらえられるものとは思えません。そこに登場したのが**相互作用説**です。相互作用説では，遺伝要因と環境要因が互いに影響し合い，相乗的に作用すると考えます。ローラッヘル（1956）は，パーソナリティにおける遺伝・環境要因に関して，表 6-1 のような論点を提示しています。

　このような相互作用的な考え方は，後に知能の遺伝規定性の問題をめぐって多くの議論をよんだジェンセン（1972）の環境閾値説の中に，より具体的な形であらわされています。**環境閾値説**とは，心身の発達には遺伝と環境の両要因が関与しており，環境の適切さがある水準（閾値）を超えると遺伝的素質に応じたその性質の発現がみられるが，環境の適切さがその水準に達していない場合にはその性質の発現は大きく阻害される，というものです。性質によって閾値の高いものもあれば低いものもあり，閾値の高さによって環境要因の重要性が異なってきます。たとえば，図 6-3 の A は閾値が非常に低く，環境条件がそれほどよくなくても素質が十分開花していくため，遺伝規定性が強くなります。一方，C は閾値がきわめて高い性質で，よほど環境が好ましくない限り素質の違いは表面化しないため，遺伝の影響はあらわれにくいといえます。このように，閾値以上の環境では遺伝規定性が強くなり，閾値以下の環境では遺伝規定性が弱くなります。

　相互作用説といっても，その論点はさまざまです。榎本（2004）は，主要な

表6-1　パーソナリティ形成における遺伝要因と環境要因の関係
（ローラッヘル，1956より）

①心的諸特性への素質が遺伝することは事実である。
②どの素質が発展するか，またそれがどこまで発展するかを決定する
　のは環境である。
③非常に強い素質はどんな環境でも発展する。

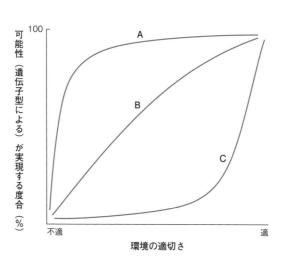

図6-3　ジェンセンの環境閾値説（井上，1979）

論点を以下のように整理しています。

①個体が親から与えられる遺伝要因と環境要因が共通の方向性をもつ。

②個体のもつ遺伝要因が特定の環境的働きかけを引き出す。

③個体のもつ遺伝要因が特定の環境を選択させる。

④同じ環境要因でも個体のもつ遺伝要因によってその効果が異なる。

⑤同じ遺伝要因をもっていても環境によってそのあらわれ方が異なる。

　プロミン（1990）は，遺伝子型と環境の相互作用を受動的相関，誘導的相関，能動的相関の3つに分類しています。このうち受動的相関は上の④に，誘導的相関は②に，能動的相関は①にほぼ相当すると考えられます。

6.1.2　遺伝・環境要因の研究法

1. 家系研究法

　家系研究法とは，ある特性に関して，それが特定の家系中にふつう以上の頻度であらわれるかどうかを調べることにより，その特性の遺伝規定性を知ろうというものです（表6-2）。

　傑出人の家系に着目し，才能の遺伝を唱えたゴルトンは，有名な学者や芸術家，軍人，法律家など415人の優れた天分の持ち主を取り上げ，それらの家系について統計的な調査を行い，一般人の家系と比較しました。その結果，優れた才能は遺伝によって規定されるところが大きいと結論づけました。

　ただし，この方法には，じつは大きな欠陥があります。それは，遺伝要因と環境要因を分離できないということです。たとえば，優れた音楽家の子どもが音楽で才能をあらわしたとして，それが遺伝によるものとは言い切れないのです。音楽家の家に生まれれば，音楽的刺激が多く，良質の音楽に触れることも多いため，環境要因も無視できません。したがって，同じ家系に似たような特性をもつ人物がふつうより多くみられたとしても，それが遺伝によるものとみなすことはできません。初期の研究は，そこを見逃していたことになります。

2. 双生児研究法

　双生児研究法とは，一卵性双生児の類似度と二卵性双生児の類似度を比較することで，遺伝規定性の強弱を知ろうというものです（表6-2）。

表 6-2 遺伝・環境要因の主な研究法

①家系研究法
　ある特性に関して，それが特定の家系中にふつう以上の頻度で
あらわれるかどうかを調べることにより，その特性の遺伝規定性
を知ろうというもの。

②双生児研究法
　一卵性双生児の類似度と二卵性双生児の類似度を比較すること
で，遺伝規定性の強弱を知ろうというもの。

③養子研究法
　養子に出された子の生みの親との類似度と育ての親との類似度
を比較することで，遺伝規定性の強弱を知ろうというもの。

　一卵性双生児は，１つの受精卵から２つの個体が誕生したため，遺伝子型は100％共通といえます。それに対して，二卵性双生児は，別々の受精卵が育ったものであるため，きょうだいと同じく遺伝子型に違いがあり，50％程度が共通と考えられます。そこから，一卵性双生児にみられる違いは環境要因によるもの，二卵性双生児にみられる違いは遺伝と環境の両要因によるものということになります。ゆえに，一卵性双生児の類似度が二卵性双生児の類似度を大きく上回っていれば遺伝規定性の強い性質，両者の類似度にあまり差がなければ遺伝規定性が弱く環境の影響を受けやすい性質といえます。

3.　養子研究法

　養子研究法とは，養子に出された子の生みの親との類似度と育ての親との類似度を比較することで，遺伝規定性の強弱を知ろうというものです（表6-2）。

　生みの親との類似度が育ての親との類似度を大きく上回っていれば遺伝規定性の強い性質，逆に育ての親との類似度が生みの親との類似度を大きく上回っていれば遺伝規定性が弱く環境による影響を受けやすい性質ということになります。

6.2　パーソナリティ形成における遺伝要因

6.2.1　行動特徴にみられる遺伝要因

　子どもの行動特性や体質に関して，その形成に遺伝要因がどの程度関与しているかを調べるためにさまざまな研究が行われています。その中でも双生児研究法を用いた研究結果を示したのが表6-3です。これをみると，歯ぎしり，夜尿，夢遊，爪かみ，指吸い，乗物酔い，便秘など，多くの行動やくせ，体質に関して，遺伝要因が強く関与していることがわかります。

　不注意，多動，衝動行為といった行動特徴を示す注意欠陥多動性症候群（ADHD）に遺伝要因が強く絡んでいることは双生児研究からも明らかにされていますが，神経伝達物質ドーパミンに影響する遺伝子との関連が報告されています（スモーラー，2002）。

　喫煙行動と神経伝達物質ドーパミンの受容体遺伝子の配列との関連を示唆す

表 6-3　**小児期の行動特徴および体質に関する双生児対間の一致率**
（榎本，1992；阿部・小田，1978 より改変）

		一卵性		二卵性		卵性間差の有意水準
		総数（組）	一致率	総数（組）	一致率	
睡眠中の行動	歯ぎしり	15	93%	68	44%	*p*< .001
	夜尿	53	68%	42	36%	*p*< .01
	夢遊	19	47%	14	7%	*p*< .04
くせ	爪かみ	77	66%	55	34%	*p*< .001
	指吸い	80	58%	43	44%	有意差なし
体質	乗物酔い	46	74%	35	29%	*p*< .001
	便秘	23	70%	17	18%	*p*< .005

る報告もあります。また，喫煙者には神経症傾向の強い人が多いとされていますが，神経症傾向の強さと関連するとされる神経伝達物質セロトニンのトランスポーター遺伝子配列をもつ人が喫煙者に多いことが報告されています（滝本・岩崎，2002）。

6.2.2　パーソナリティ特性と遺伝要因

　パーソナリティ特性としてさまざまなものが提起されていますが，最も基本的なものとして，外向性と神経症傾向があります。それらに関しても，遺伝要因が強く絡んでいることが示されていますが，図6-4に示されているように，ビッグ・ファイブと呼ばれるパーソナリティの5因子すべてにおいて一卵性の類似度が二卵性の類似度を大きく上回っており，これらの特性が遺伝的に強く規定されていることがわかります（安藤，2009）。

1.　外　向　性

　外向性に関する双生児対間の相関は，1万2,777組の双生児を対象とした研究では一卵性0.51，二卵性0.21，2,903組の双生児を対象とした研究でも一卵性0.52，二卵性0.17となっており，いずれも一卵性の相関係数のほうが2倍以上の大きさであり，遺伝規定性の強さを示しています（プロミン，1990）。

　このように外向性には遺伝要因が強く絡んでいることが双生児研究から明らかですが，遺伝子に関する研究により，外向性に関係すると考えられる新奇性を好む性質と神経伝達物質ドーパミンとの関係が示唆されています。すなわち，新奇性を好む性質とドーパミン受容体遺伝子の配列タイプとの関連が報告されています（ベンジャミンたち，1996）。

2.　神経症傾向

　神経症傾向に関する双生児対間の相関は，1万2,777組を対象とした研究では一卵性0.50，二卵性0.23，2,903組の双生児を対象とした研究でも一卵性0.50，二卵性0.23となっており，いずれも一卵性の相関係数のほうが2倍以上の大きさであり，遺伝規定性の強さを示しています（プロミン，1990）。

　このように神経症傾向に遺伝要因が強く絡んでいることが双生児研究から明らかですが，遺伝子に関する研究により，神経症傾向と神経伝達物質セロトニ

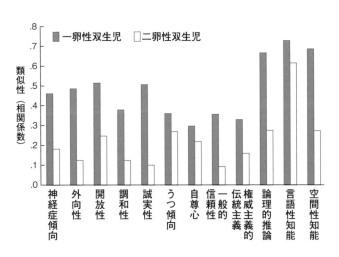

図6-4　**双生児のパーソナリティや知能の類似性**（安藤，2009）

ントランスポーター遺伝子との関連が示唆されています（レッシュたち，1996）。

　日本人には，不安傾向の強さと関連するとされるセロトニントランスポーター遺伝子の配列タイプをもつ人が非常に多いことがわかっています。また，日本人には，新奇性を求める傾向と関連するとされるドーパミン受容体遺伝子の配列をもつ人がほとんどいないこともわかっています。そこから，慎重で対立を避ける日本的パーソナリティには遺伝的基礎があるということもできるでしょう（周防・石浦，1999）。

3. 活動性

　双生児研究により，せっかちかのんびりかという心的**活動性**には遺伝が強く絡んでいることが示されています（詫摩，1967）。

　新生児を 10 年以上にわたって追跡した縦断的研究によっても，新生児にすでに活動水準の個人差があり，それが長期間にわたって持続することが示されています（トーマスたち，1972）。たとえば，生後 2 カ月の時点でよく動き，活動水準が高いと判定された子は，5 歳の時点で食事中に少しもじっとしていられず，10 歳の時点でも宿題を終えるまでじっと座っていられないというように，一貫して活動水準の高さに関連した行動傾向を示しました。反対に，生後 2 カ月の時点であまり動かず，活動性が低いと判定された子は，5 歳の時点で長いドライブの間じっと座っていられるし，10 歳の時点でも食べるのが遅いというように，一貫して活動水準の低さと結びつく行動傾向を示しました。

4. 遺伝的基礎が想定される気質の3因子

　クロニンジャーたち（1993）は，新奇性追求，損害回避，報酬依存，固執という 4 つの気質因子が遺伝的に独立の基礎をもつパーソナリティの基本構造をなすとします。ストーリングたち（1996）は，約 1,300 組の双生児のデータを検討し，これら 4 つの気質因子のうち新奇性追求，損害回避，報酬依存の 3 つ（表 6-4）については，遺伝的に独立であることを示唆するデータを得ています。安藤たちも同様の結果を得ています（安藤・大野，1998；安藤たち，2002，2004）。

　新奇性追求とは，目新しいものを積極的に探索したり，衝動的に決断したり，

表 6-4　**遺伝的に独立であるクロニンジャーの 3 つの気質**

新奇性追求：行動の活性化機能に対応
　目新しいものを積極的に探索したり，衝動的に決断したり，気が短かったりする積極的・攻撃的な性質。

損害回避：行動の抑制機能に対応
　将来に対して悲観的でくよくよしたり，不確かなことを恐れたり，人見知りするなど，傷つくのを避けようとする消極的・防衛的な性質。

報酬依存：行動の維持機能に対応
　人に対する愛着が強く，人から支持してほしいといった気持ちを強くもつ受動的な性質。

気が短かったりする積極的・攻撃的な性質を指します。**損害回避**とは，将来に対して悲観的でくよくよしたり，不確かなことを恐れたり，人見知りするなど，傷つくのを避けようとする消極的・防衛的な性質を指します。**報酬依存**とは，人に対する愛着が強く，人から支持してほしいといった気持ちを強くもつ受動的な性質を指します。

　なお，安藤（2000）は，双生児を用いた研究により，特性論で主流になりつつあるビッグ・ファイブの５つの因子は遺伝的に独立でないこと，そしてクロニンジャーの気質の新奇性追求，損害回避，報酬依存という遺伝的に独立の３つの因子の組合せによって，ビッグ・ファイブのうち４因子（経験への開放性を除く）の遺伝要因がほぼ説明できること，さらに経験への開放性の遺伝要因は気質の３因子に知能の遺伝成分を加えることでほぼ説明できることを報告しています。

　また，大野（2000）は，双生児を用いて遺伝と環境がパーソナリティ形成とうつの発症に及ぼす影響について検討し，軽度から中等度のうつに関しては直接影響する遺伝要因は少ないが，損害回避，報酬依存，新奇性追求といった気質を介して遺伝要因がうつに影響を与えていることを見出しています。

6.3　パーソナリティ形成における環境要因

6.3.1　家庭環境とパーソナリティ形成

　サイモンズが受容的か拒否的か，支配的か服従的かという２つの軸を組み合わせて，親の養育態度を過保護型，甘やかし型，残酷型，無関心型の４つに分類して以来，親の養育態度と子どものパーソナリティの関係について，多くの研究が行われ，さまざまな知見が報告されてきました。

　ただし，注意しなければならないのは，親の養育態度と子どものパーソナリティの相関の意味の解釈です。かつてベル（1968）も指摘したように，両者の相関は，親から子への因果の流れによる解釈が妥当な場合だけでなく，子から親への流れによる解釈が妥当な場合もあり得るからです（図6-5）。たとえば，子どもが素質的に活動性の高いパーソナリティであるために親が制止的にかか

方向①：親の養育態度がパーソナリティ形成を方向づける。
方向②：子どもがもともと素質的にもっているパーソナリティ
　　　　が親の養育態度を方向づける。

図 6-5　親の養育態度と子どものパーソナリティの影響関係の 2 方向性

わらなければならなくなるというようなこともあるでしょう。そこには遺伝と環境の相互作用が働いているといえます。

　また，第4章の学習理論的パーソナリティ理論のところでモデリングを取り上げましたが，幼い頃から身近に接している親の態度や行動のモデリングの影響も無視できません。

6.3.2　発達期待とパーソナリティ形成

　親の養育態度の背後には，親のもつ発達期待があります。**発達期待**とは，このような人間に発達していってほしいという期待です。東たち（1981）は，母親がわが子に対してもつ発達期待の日米比較研究を行い，日本の母親は従順さや感情の統制に関してアメリカの母親よりも強い発達期待をもち，アメリカの母親は社会的スキルや言語による自己主張に関して日本の母親より強い発達期待をもつことを見出しています（表6-5）。

　パーソナリティの文化差をもたらす要因として，このような発達期待があります。その文化の範囲を家庭まで狭めていくと，パーソナリティ形成に与える家庭環境の影響ということになります。

　村瀬（2009）は，親の発達期待によって子どもに対する行動が異なり，自律性や関係性を重視する発達期待をもつ親は共感的な言葉がけが多く，達成を重視する発達期待をもつ親は物事の実用面を重視したかかわり方が多いことを指摘しています。これを踏まえた研究により，島・浦田（2013）は，自律性や関係性を重視する親は配慮型の養育態度をとり，達成を重視する発達期待をもつ親は強制型の養育態度をとる傾向があることを見出しています。このように親のもつ発達期待が親子の相互作用を通して子どものパーソナリティ形成に影響すると考えられます。

6.3.3　メディア接触とパーソナリティ形成

　学習理論的パーソナリティ理論のところで取り上げたように，暴力行動や性行動に対するマスメディアやコンピューターゲームの影響が教育的観点から注目され，多くの研究が行われています。情報環境が飛躍的に増殖しつつある今

表 6-5　**母親の発達期待の日米比較** (東たち, 1981)

領域 (項目)	日本	アメリカ	日米差
学校関係スキル (SR. 3 項目) ●30 ページくらいの絵の多い童話を 1 人で読みとおせる。 ●興味のあることを図鑑や辞典で調べる。	1.24	1.36	
従順 (C. 5 項目) ●言いつけられた仕事はすぐにやる。 ●親からいけないと言われたら，なぜなのかはわからなくても言うことを聞く。	2.16	1.97	＊＊
礼儀 (P. 3 項目) ●おとなに何か頼むとき，ていねいな言い方をする。 ●朝，家族に "おはよう" と挨拶する。	2.49	2.30	＊
情緒的成熟 (E. 4 項目) ●やたらに泣かない。 ●いつまでも怒っていないで，自分で機嫌を直す。	2.49	2.08	＊＊
自立 (I. 8 項目) ●おとなに手伝ってもらわずに 1 人で食事ができる。 ●1 人遊びができる。	2.02	1.86	＊＊
社会的スキル (S. 6 項目) ●友達を説得して，自分の考え，したい事を通すことができる。 ●友達と遊ぶとき，リーダーシップがとれる。	1.86	2.18	＊＊
言語による自己主張 (VA. 5 項目) ●納得がいかない場合は説明を求める。 ●自分の考えを他の人たちにちゃんと主張できる。	1.73	2.17	＊＊

(注) 項目は領域ごとに各 2 項目を抽出して掲載。
　　　＊$p < .05$ で有意，＊＊$p < .01$ で有意。

日，パーソナリティ形成における環境要因として，情報環境の重要性はますます高まっています（第 4 章参照）。

6.3.4　風土とパーソナリティ形成

パーソナリティ形成の環境要因として，無視し得ないはずであるのに，研究データの乏しいのが，育った地域の風土です。和辻（1935）や木村（1972）などの風土論では，風土との関連において日本人のパーソナリティの説明を試みていますが，心理学的な研究はほとんどみられません。

この場合の風土は，自然環境的な条件が一時的な土台となっていると考えられますが，それによって規定され形成される生業や経済条件，生活様式，人間関係の特徴なども含めるべきでしょう。たとえば，榎本（2004）は，自身が調査のためにしばしば訪れてきた離島と日常的に居住している都会を比較し，買い物の利便性，交通面の利便性，生活時間，年中行事や冠婚葬祭の形態，近隣関係，人間関係の幅と深さなどに大きな違いがみられることをあげています（表 6-6）。このような生活条件の違いが，パーソナリティ形成に何らかの影響を与えているものと考えられます。

6.4　パーソナリティ形成における主体的要因

6.4.1　青年期以降強まる主体的自己形成

パーソナリティ形成においては，遺伝要因と環境要因が複雑に絡み合っています。ただし，パーソナリティは遺伝と環境の作用によってただ受動的につくられるというわけではありません。パーソナリティ形成には，自らの意志によって一定の方向に形成していこうとする主体的・能動的な側面もあります。これは，とくに青年期以降に強く働く要因といえます。

青年期は，第 2 反抗期とか第 2 の誕生とかいわれるように，主として親などの影響のもとに受動的につくられてきたパーソナリティを自覚的につくり変えていく時期です。青年期になると，それまで主に外界に向いていた目が内界に向くようになります。そこに，見る自分と見られる自分の分裂が生じ，自己を

表6-6 **育つ土地の風土：離島と都会の生活条件の違い** (榎本, 2004)

	離島	都会
買い物	唯一の店の農協が5時半まで。	コンビニが24時間開いている。
交通	夕方6時くらいでフェリーは終了。	電車は深夜12時頃まで。その後は深夜バスやタクシーが一晩中ある。
生活時間	飲食店もなく夜は早い。	飲食店は深夜までやっており，交通もあるため，夜は遅い。
年中行事	盛ん。住民みんなが役割分担。	ほとんど行われない。たまの祭りも自治会役員のみが行う。
冠婚葬祭	地縁・血縁を中心に住民が互助的に執り行う。	業者に依頼する。
近隣関係	密なつながり。お裾分けしあったり，井戸端会議をしたり。	挨拶もせずほとんどつながりがない。
人間関係の幅や深さ	昔からの知人ばかりで，新たに知り合うことがほとんどないが，その分知人たちとの関係は深い。	人の移動が多く，新たに知り合う機会が多いため，知人の数は多いが，ほとんどが浅い関係。

客体視する傾向が強まります。自己の客体視は，自己と他者を比較する傾向も強めます。そこで，自分自身に対する関心が強まり，自分らしさとは何か，自分はどうあるべきかなどと，自己のアイデンティティをめぐる問いが活性化されます。

　主体的に自己形成していくには，自分なりの価値観をもつことが必要です。そこで，青年期には価値の世界に目覚め，これまで押しつけられてきた周囲の大人たちの価値観を批判的に検討し，拠り所となる価値を追い求めるようになります。そうした動きの中で，パーソナリティも主体的につくり直されていきます。このようにして自己のアイデンティティを意識するようになると，日々の行動に一貫性がみられるようになってきます。

6.4.2　理想と現実の相克

　児童期までと違って青年期になると自分が嫌いとか自分に不満という者の比率が高まります（遠藤，1981）。カッツとザイグラー（1967）は，小学校高学年から高校生を対象に，理想自己と現実自己のズレは年長になるほど大きくなること，また中学生以降は同じ学年でも IQ が高いほどズレが大きくなることを見出しています。つまり，理想自己と現実自己のズレは精神的に成熟するほど大きくなるのです。

　それは，精神的な成熟により，理想の自己像を思い描くようになることによるものといえます。理想を思い描くようになることで，**理想自己**と**現実自己**のギャップを強烈に意識するようになるわけです。それは自己嫌悪を生むことになるため，不適応の徴（しるし）とみなされることもありますが，自己嫌悪を向上へのバネにして，現実自己を少しでも理想自己に近づけようと努力することもあるでしょう。

　このように自分なりの価値観に基づいて描かれた理想自己と現実自己のギャップを埋めていく試みや，自己のアイデンティティにふさわしい行動を選択していく試みは，主体的パーソナリティ形成の動きということができます。

7

パーソナリティの発達

7.1　パーソナリティは変わるのか，変わらないのか

7.1.1　パーソナリティの発達的変化をもたらす諸要因

　パーソナリティの発達的変化は，主として遺伝要因と環境要因の絡み合いによって生じると考えられます。これらの要因については第6章で解説したので，ここでは生涯を通じてパーソナリティの発達的変化がどのように生じるかに焦点を当ててみましょう。

　一般に遺伝要因に強く規定される性質は変わりにくいと考えられています。ただし，ここで取り上げるパーソナリティの発達的変化には，パーソナリティのあらわれ方の変化も含まれます。たとえば，向性には遺伝要因が強く絡んでいるといった実証的研究のデータがあります。ここから，外向性・内向性といった特性は変わりにくいといえます。しかし，外向性という特性は変わらなくても，そのあらわれ方が年代によって異なるといったことがあるのではないでしょうか。どんなに外向的な人でも，青年期には自分を見つめ自分の生き方を模索することが多くなり，それまでより内向的な心の構えを示すことになりがちです。反対に，周囲の人と比べて内向的な人であっても，本人の中で比べてみると，社会人になってからは現実的な対応に追われることが習慣化するため，学生時代よりも外向的に振る舞っているというのもよくあることです。

　バルテスたち（1980）は，人間の生涯にわたる発達的変化に影響する要因を3つあげています（図7-1）。それは，①年齢的要因，②歴史的要因，③標準化不能な要因です。後者の2つはいずれも年齢に関係なく影響を受けるものです。不況や戦争のように，たとえ歴史的流れに基づいたものであっても，個人からすれば偶発的に身に降りかかってくるものといってよいでしょう。そこで，榎本（2004）は，歴史的要因と標準化不能な要因をまとめて偶発的な要因としています。つまり，パーソナリティの発達的変化をもたらす要因として，多くの人が人生上の一定の時期に共通して経験しがちなものである「年齢に関連した要因」と，偶発的に経験しがちなものである「偶発的要因」の2つに分けています。

年齢的要因	暦年齢に強く関連する生物学的および環境的決定因。 具体的には生物学的成熟や年齢を基準にした社会化といった要因。
歴史的要因	歴史的な時代や文脈に結びついた生物学的および環境的決定因。 具体的には不況，戦争，人口構成や職業構造の変化といった要因。
標準化不能な要因	年齢や歴史的なものに関係なくだれにも起こり得る生物学的および環境的決定因。 具体的には転職，配置転換，医学的トラウマ，解雇，離婚，入院，重要な他者の死といった要因。

図7-1　パーソナリティの発達的変化をもたらす要因（バルテスたち，1980）

7.1.2　年齢に関連した要因

　年齢に関連した要因とは，一定の年齢の人たちに共通の発達的変化をもたらしがちな要因のことです。これを生物学的要因と社会文化的要因に分けてとらえることにします（図7-2）。

　生物学的要因として，青年期における性的成熟，抽象的思考など知的能力の発達，中年期以降の体力の衰え，成人病の罹患，更年期障害などをあげることができます。

　社会文化的要因として，各年齢段階に課せられる生活課題，それに伴い周囲の人たちによる期待や一般的な社会的期待といった形で突きつけられる発達課題をあげることができます。社会文化的要因の背景として，以下の2点を指摘することができます。第1に，年齢段階によって日常的経験の内容やその経験をする場が異なるということです。たとえば，学校に通う年齢段階では勉強や同級生との人間関係を中心とする学校という場にふさわしい経験をするのが日常であり，就職すれば仕事や職場の人間関係を中心とする職場にふさわしい経験をするのが日常になります。第2に，人生の節目とでも言うべき経験というものがあり，それらを多くの人は似たような年代に経験するということです。たとえば，多くの人は，幼稚園の入園や卒園，小中高校あるいは大学などの入学や卒業，就職，結婚，親になること，子の独立，親の死，本人あるいは配偶者の定年退職，配偶者の死などを似たような年代で経験します。

　生物学的要因と社会文化的要因は，もちろん相互に無関係ではありません。生物学的要因を基礎として社会制度化された社会文化的要因もあります。

　人生の時期によって年齢に関連した要因の影響力が異なるということもあります。たとえば，子ども時代には，身体的成長が著しく，学校における学業や集団生活も家庭におけるしつけも年齢段階を基準にして行われるため，年齢に関連した要因による影響が大きいと考えられます。老年期には，身体的な衰えが著しく，寿命や死を意識することによる時間的展望の縮小を経験せざるを得ないため，年齢に関連した要因の中でもとくに生物学的要因による制約が強まると考えられます。

年齢に関連した要因＝
多くの人が人生上の一定の時期に共通して経験しがちな要因

— 生物学的要因
　青年期における性的成熟，
　中年期以降の体力の衰え，
　成人病の罹患，
　更年期障害　　など

— 社会文化的要因
　各年齢段階に課せられる生活課題，
　周囲の人々による期待や一般的な社会的期待
　といった形で突きつけられる発達課題　　など

図 7-2　年齢に関連した要因（多くの人が人生上の一定の時期に共通に経験しがちな要因）（榎本，2004）

7.1.3 偶発的要因

　偶発的要因とは，年齢段階に関係なく偶発的に個人の身に降りかかる要因のことです。ラザラスとデロンギス（1983）は，顕著なライフイベントは個人の発達を変えてしまうことがあるとしていますが，影響力のあるライフイベントの中には偶発的なものも多々あるはずです。そのような偶発的要因を個人的要因と社会的要因に分けてとらえることにします（図7-3）。

　個人的要因として，学業成績の上昇や下降，受験の成功や失敗，仕事上の成功や失敗，配置転換，転職，勤務先の倒産，失業，恋愛，失恋，離婚，人との出会い，病気，身近な人物の病気や死，交通事故や地震・火事といった災害，犯罪事件などをあげることができます。こうした思いがけない出来事によってパーソナリティの変化がもたらされることがあります。

　このような偶発的要因は，人生のどの時期においても影響力をもつと考えられます。ただし，その影響力の大小や，影響の作用する方向性は，物事の受け止め方という本人のもともとのパーソナリティ要因によって異なってきます。たとえば，受験や就活の失敗をきっかけに，生活を立て直して，よりいっそう奮起することで，予想以上の成功に到達するというケースもあれば，挫折感に打ちひしがれて，自堕落な生活を続け，転落の人生から抜け出せなくなってしまうといったケースもあるでしょう。

　社会的要因として，戦争，好不況など経済的な変化，政治体制の変化，科学技術の発達とそれに伴うライフスタイルの変化などをあげることができます。

　偶発的な要因の影響力は，人生の時期によって異なります。たとえば，青年期から成人前期にかけては，進学や就職を通して自分を社会に根づかせていく時期であり，その成功や失敗といった個人的要因の影響を強く受けやすく，また好不況の波による就職事情の変化や技術革新による職業構造の変化など社会的要因の影響も強く受けやすいと考えられます。デロンギスたち（1982）は年をとるほど重要なライフイベントは少なくなるとしていますが，これは成人後に関していえることといってよいでしょう。

偶発的要因＝
偶発的に経験しがちな要因

└─ **個人的要因**
学業上の成功や失敗，受験の成功や失敗，
転職，勤務先の倒産，恋愛，失恋，離婚，
影響力のある人物との出会い，病気，
家族・親友・恋人など身近な人物の病気や死，
交通事故や地震・火事などの災害，犯罪事件　など

└─ **社会的要因**
戦争，不況，ライフスタイルの変化　など

図 7-3　**偶発的要因**（榎本，2004）

7.2　パーソナリティの生涯発達

7.2.1　パーソナリティは加齢に伴い変化するのか

　加齢に伴うパーソナリティの変化については，さまざまな知見が示されています（表 7-1）。ハーンたち（1986）は，縦断的データをもとに，児童期にはパーソナリティは安定しており，30代から40代の間でパーソナリティの変化が起こりやすいとしています。ジョーンズとメレデス（1996）は，ハーンたちと同じデータを再分析した結果，パーソナリティを測定した6つの次元のうち4つの次元で発達的変化がみられ，パーソナリティの側面によって安定性も発達的変化の仕方も異なることを見出しました。すなわち，自信はほぼ加齢とともに上昇し，知的志向や誠実性は18歳から30歳にかけて上昇した後に安定を示し，外向性は30歳から40歳にかけて上昇した後に安定することが示されました。

　成人期から老年期への変化に焦点を当てた研究においては，加齢とともに内向性が強まるといった知見がしばしば報告されています。たとえば，シャイエとパーハム（1976）は，21歳から84歳を対象とした調査により，内向性には年代差があり，老年期の人は他の年代の人より内向性が高いことを見出しています。フィールドとミルサップ（1991）は，老年前期と老年後期の人たちを対象に14年を隔てた追跡調査を行った結果，両群において外向性の低下を見出しました。

　加齢とともに抑うつ性，心気性，ヒステリー性などの神経症傾向が強まるとする報告もあります（レオンたち，1979；ポステマとシェル，1967）。これは，加齢に伴い体力が衰え病気になりやすくなるといった否定的な現実によってもたらされる変化とみることもできます。

　加齢とともに不安傾向が低くなるという報告もあります（下仲，1980；中里・下仲，1989）。中里・下仲（1989）は，25歳から92歳を対象とした調査により，状態不安も特性不安も加齢とともに低下することを見出しています。そこにはさまざま人生経験を積むことが関係していると考えられます。加齢とともに固さや頑固さが強まるという報告（ボトウィニック，1973）や養育的，

表7-1 **加齢に伴うパーソナリティの変化に関するさまざまな知見**

・児童期にはパーソナリティは安定しており，30代から40代の間でパーソナリティの変化が起こりやすい。

・自信はほぼ加齢とともに上昇する。
・知的志向や誠実性は18歳から30歳にかけて上昇した後に安定する。
・外向性は30歳から40歳にかけて上昇した後に安定する。

・老年期になると内向性が強まる。
・老年前期から老年後期にかけて外向性は低下する。

・加齢とともに抑うつ性，心気性，ヒステリー性などの神経症傾向が強まる。

・加齢とともに不安傾向が低くなる。

・加齢とともに固さや頑固さが強まる。

親密的，寛容になるという報告（ハーン，1985；リブソン，1981）もあります。

　ユングの個性化の過程の概念をはじめ，人は人生の後半の自己実現のプロセスにおいてこれまで開発されていない面を開発することによって全面的に自己の可能性を開花していくという考え方があります。しばしば指摘される加齢に伴う性役割の逆転現象，すなわち男性が女性化し女性が男性化していく傾向に関して，星（2002）は逆転というより男女ともに両性具有的になると考えたほうがよいとしていますが，そうした傾向も全面的に自己を開発していく自己実現傾向のあらわれとみることもできるでしょう（榎本，2006）。実際，年代別ジェンダー・タイプについての調査を行った土肥（2011）は，男女とも加齢とともに両性具有型の比率が増加し，60代以上では圧倒的多数が**両性具有**となることを見出しています（図7-4）。このような傾向に関して，男女ともに男性性も女性性も兼ね備えることの必要性を説く柏木（2013）は，高齢期の男女にみられるパーソナリティの変化について自ら行った調査データをもとに（表7-2），「男性としてでも女性としてでもなく，性を超えて人間として大事な心と力が加齢と共に発達し成熟するのです」としています。

　パーソナリティそのものの発達的変化ではありませんが，榎本（2003）は，大学生と大学生の親である中年期の人たちを比較した調査研究において，青年群のほうが中年群よりも自分の過去を否定的に評価し，自分の過去にとらわれ，自分の過去について想起したり人に開示したりする傾向が強いことを見出しています。下仲（1988）は，大学生と老年期の人たちを比較した研究において，老年群のほうが過去の自己に対しても現在の自己に対しても肯定的であることを見出しています。こうした知見を総合すると，青年期には成人期と比べて自分の過去に対しても現在に対しても否定的な傾向があるといえそうです。これは不安傾向とも関係しており，加齢とともに不安傾向が低下するという知見と符合します。

7.2.2　パーソナリティは生涯を通じて変わらないのか

　一方，パーソナリティは生涯を通じて安定しており，発達的変化はほとんどみられないとする立場をとる研究者たちもいます（表7-3）。

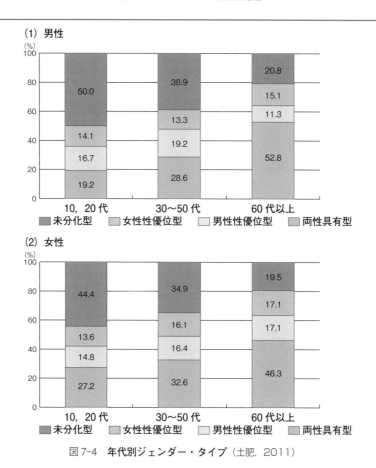

図 7-4　年代別ジェンダー・タイプ（土肥，2011）

表 7-2　高齢期の男性と女性の「変わったこと」上位 5 項目
（田矢・柏木，2006：柏木，2013 より一部表記を変更）

男性	女性
角が取れて丸くなった。	人に素直に感謝できるようになった。
人の立場や気持ちがよく分かるようになった。	自然の草木，花などを愛するようになった。
季節の移り変わりに敏感になった。	季節の移り変わりに敏感になった。
自然の草木，花などを愛するようになった。	人の立場や気持ちがよく分かるようになった。
人に素直に感謝できるようになった。	今が一番幸せだと思えるようになった。

　ケイガンとモス（1962）は，25年間にわたる縦断研究により，乳幼児期，児童期，青年期，成人期を通して，対人的な行動や心理にはかなり高い安定性があることを見出し，成人の性格は幼少期に形成されるとする立場を支持するデータを得たとしています。

　トーマスたち（1970）は，0歳時から活動水準，順応性，反応強度，気分の質，固執性などの気質的な側面の測定を続け，10歳になるまでの縦断的データを検討しました。その結果，ほとんどの子は9つの気質のうち半数ほどにおいて10年間にわたる安定性を示すことを見出しています。

　ブロンソン（1966，1967）は，5〜7歳の頃のパーソナリティと，それから24年後に相当する30歳の頃のパーソナリティを比較し，とくに外向的な側面は安定的であることを見出しています。

　コスタとマックレー（1988）は，20代から90代の人たちを対象に，神経症傾向，外向性，経験への開放性，協調性および誠実性，いわゆるビッグ・ファイブと呼ばれる基本的な特性を測定するパーソナリティ検査を6年の間隔を置いて2度実施しました。その結果，パーソナリティには加齢による変化はみられないと結論づけています。

　レオンたち（1979）は，成人後期から老年期にかけて30年にわたる縦断研究において，MMPIでとらえたパーソナリティのプロフィールはかなり安定しており，成人後期に病的でなく安定したパーソナリティを示した人は老年期にも適応が良好であることを示唆するデータを得ています。これに関しては，下仲（1997）も，頑固さなどの好ましくないパーソナリティ特徴が老年期になって目立ってきた場合，それは知的能力や自己抑制力の低下や環境の変化のために適応が困難となり，元来本人がもっていたパーソナリティ特徴が先鋭化したものであって，もともとよく適応し，柔軟で調和的なパーソナリティの持ち主は老人になってもそのような変化は示さないと指摘しています。ただし，レオンたちの研究において，抑うつ性，心気性，ヒステリー性などに関しては，加齢に伴って強まることが見出されました。

表 7-3　パーソナリティの**安定性を示す知見**

・対人的な行動や心理にはかなり高い安定性がある。

・活動水準，順応性，気分の質，固執性などの気質面はかなり安定している。

・外向的な側面は安定的である。

・神経症傾向，外向性，経験への開放性，協調性，誠実性といったビッグ・
　ファイブの特性には加齢による変化はみられない。

・MMPI でとらえたパーソナリティのプロフィールはかなり安定している。

7.3　パーソナリティの安定的側面と発達的変化を示す側面

7.3.1　パーソナリティの３つの層

　このようにみてくると，パーソナリティには発達的変化を示す側面と安定的で変化しにくい側面があるようです。長年来の友だちを思い浮かべると，昔から一貫したその人らしさが感じられるものです。それがパーソナリティの安定的な側面といえます。しかし，たとえばその交友関係が幼児期以来のものであれば，幼児期のその人には幼児らしさが，青年期のその人には青年らしさがあったことが思い出され，そして現在中年期のその人には中年期らしさが漂っているのも事実でしょう。また，受験の失敗や会社の倒産といった重大なライフイベントに見舞われたのをきっかけに，パーソナリティのある側面が大きく変わったというケースもあります。

　そこで榎本（2004）は，パーソナリティの発達を３つの層に分けてとらえるモデルを提起しています（図7-5）。図の下層部がパーソナリティの基本的な部分で，一貫してみられるその人らしさをあらわします（Aの部分）。図の中間の層が同年代の人々に共通してみられるその年代らしさをあらわします（Bの部分）。これらが絡み合って，その時々の個人のパーソナリティの基本的部分が形成されるとみることができます。図のAの部分は，遺伝的素質に基づくとされる気質と可塑性の高い幼少期の経験によってつくられるパーソナリティの基底部分を意味します。図のBの部分は，加齢とともに生じる生物学的変化に伴って表面化するパーソナリティの側面や，各年代の社会的立場と結びついた経験や社会的期待によってつくられるパーソナリティの社会性を帯びた側面を意味します。さらに，図の上層部は偶発的な経験の影響を受けたパーソナリティの側面ですが（Cの部分），これがパーソナリティの発達的変化に思いがけない影響を与えることになります。これら３つの相互作用によって，その時々の個人のパーソナリティの特徴が形成されると考えます。

7.3.2　移行期におけるパーソナリティの発達的変化

　パーソナリティの発達的変化をとらえるに当たって，図のBの部分，つま

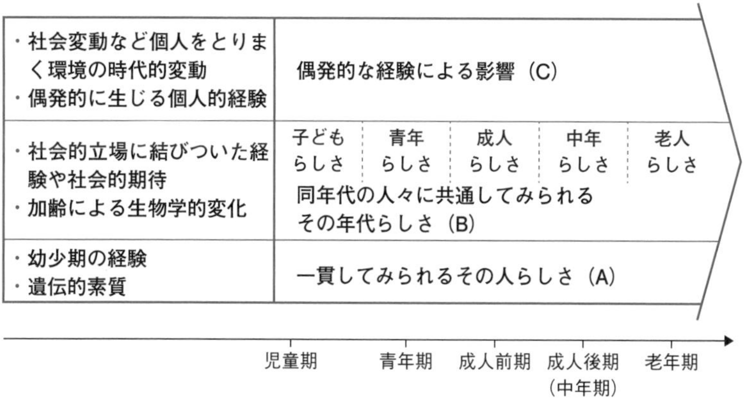

・社会変動など個人をとりまく環境の時代的変動 ・偶発的に生じる個人的経験	偶発的な経験による影響（C）				
・社会的立場に結びついた経験や社会的期待 ・加齢による生物学的変化	子ども らしさ	青年 らしさ	成人 らしさ	中年 らしさ	老人 らしさ
	同年代の人々に共通してみられる その年代らしさ（B）				
・幼少期の経験 ・遺伝的素質	一貫してみられるその人らしさ（A）				

児童期　　青年期　　成人前期　成人後期　老年期
　　　　　　　　　　　　　　　（中年期）

図7-5　3つの層に分けてパーソナリティの発達的変化をとらえる（榎本，2004）

り年齢に関連して変化する性格の側面に着目する必要があります。その際，ある発達段階からつぎの発達段階への移行期に焦点を当てたいと思います。なぜなら，一つの発達段階からつぎの発達段階へと移行するときに，生活構造の組替えが必要となり，それに伴ってパーソナリティにも発達的変化の圧力が加わると考えられるからです。

1. 成人への移行期におけるパーソナリティの発達的変化

　青年期から成人期への移行期には，親の保護下にある依存的な生き方から自立的な生き方への転換が求められます。その際に重要な意味をもつのが，一人前の基準です。所属する社会において一人前の役割を担うことができてはじめて大人と認められます。これまでの常識からすれば，青年期を脱して成人期に突入する条件は，職業に就いたり，結婚して親になってつぎの世代を育てるなど，何らかの重要な社会的役割を担うことだといえるでしょう（表7-4）。

　ただし，人間の発達像は，時代によって変動します。フリーターや単身者がかなりの比率を占める今日，もはや定職に就かないことや結婚しないことが一人前でないことに結びつくなどとはいえません。大人になれない若者たちが増えているといわれたりしますが，めまぐるしい技術革新によって人々のライフスタイルがつぎつぎと変わっていく時代ゆえに，今の時代にふさわしい一人前の基準がはっきりしないことが，青年期から成人期への方向性を見失わせているように思われます。

　このような移行期には，依存的で，自信がなく，優柔不断で，引っ込み思案なパーソナリティから，自立的で，自分なりの価値観をもち，自信に満ち，決断力があり，社会性があり，他者と親しい関係を築くことができるパーソナリティへと発達していくと考えられてきました。エリクソンも，アイデンティティの確立と親密性の獲得をこの時期の課題としています。

　しかし，現代では，自分が何をしたいのかわからないという若者や人とのかかわりの世界に出て行けない引きこもり気味の若者が巷に溢れています。このような時代ゆえに，自信がなく優柔不断なままに，また社会性が乏しく人間関係をうまく築けないままに，成人期へと移行していく者も少なくありません。

2. 成人半ばの移行期におけるパーソナリティの発達的変化

表 7-4　成人への移行期の発達課題

・親への依存から脱却する

・成人の生活に必要な選択を行う
　　　仕事領域⇒職業の選択，経済力の獲得
　　　人間関係領域⇒親密な人間関係の確立
　　　価値観領域⇒価値観の選択，ライフスタイルの確立，将来展望の確立

　成人半ばの時期になると，仕事上の限界，体力や身体機能面の衰え，将来の時間的展望の縮小を思い知らされます。そこで，自分自身の限界を踏まえた上で，守るべきものや追求し続けるべきものと捨てるべきものの取捨選択を行い，過度な欲望を捨て抑制のきいた生き方への転換が行われます（表7-5）。

　エリクソンは成人後期の課題として世代性（次世代育成性）をあげていますが，自分を社会に根づかせ身を立てることを第一に生きてきた成人前期と違って，成人後期になると下の世代を育てたり，何らかの価値を次世代に伝えていくといった役割を担うことが求められます。ゆえに，成人半ばの移行期には，自分中心の生き方から下の世代に献身する生き方への転換が必要となります。

　このような移行期には，現実的で着実であるとともに融通がきき，自己中心的にならずに他者への配慮ができるといった方向へとパーソナリティが発達的変化を遂げていくと考えられます。

3. 老年への移行期におけるパーソナリティの発達的変化

　老年への移行期は，定年退職などにより，社会的役割に強く縛られた立場から，子ども時代のように社会的縛りのない自由な立場へと解放される時期です。そこでの課題は，社会的役割から一歩距離をおいて自分らしい創造的な生活を再編していくことです（表7-6）。

　頑固さが増すとか自己中心的になるなど，否定的な方向へのパーソナリティの変化がしばしば指摘されますが，そうした変化も加齢に伴って自分自身や置かれた立場の変化に直面し，そうした新しい状況に適応するためのものと考えることもできます（長田，1990）。このような状況に置かれて，自信を喪失して絶望感に浸るか，自由度の高さを肯定的にとらえてゆったりと暮らしていけるかは，それまでの自分の人生を受容できるかどうか，そして心の支えとなる人間関係を築いてきたかどうかにかかっています。

　このような時期には，パーソナリティの発達的変化が，自信がなく，自分に価値を感じられず，焦燥感が強く，孤立感が強いといった方向に進行していく場合と，ゆったりとした落ち着きがあり，自己受容しており，人に対して寛容といった方向に進行していく場合に分かれると考えられます。頑固で偏狭な老人像と円熟した老人像の並立も，こうした事情を反映するものといえます。

表7-5　成人半ばの移行期の発達課題

・**自分自身の限界や現実社会の制約を踏まえて生き方を再検討する**
　自分自身の能力の限界
　体力や身体機能の衰え
　将来の時間的展望の縮小
　現実に自分がおかれている社会的状況

・**これまでの人生の中間決算を行い，これまでに得てきたもの，追求して**
　きたものと，見失っていたもの，切り捨ててきたものを照らし合わせて，
　改めてさまざまな取捨選択を行う
　職業上の人間関係の見直し
　家族関係の見直し
　友人関係の見直し
　ライフスタイルの見直し
　地域とのかかわりの見直し
　仕事とのかかわりの見直し
　人生観の見直し

表7-6　老年への移行期の発達課題

・社会的役割を中心とした生き方から，社会的役割による縛りのない自由
　な生き方へと転換する。
・身体の衰え，さまざまな能力の衰え，職業生活からの引退，社会的地位
　の低下，経済力の低下，時間的展望の縮小などの喪失を体験しつつ，新
　たな現実に適応したライフスタイルを確立する。

8

対人関係にあらわれるパーソナリティ

8.1 エゴグラムでとらえるパーソナリティ

8.1.1 エゴグラムからみた人間関係の特徴

　人間関係にあらわれる性格的な特徴をとらえようという際に，わかりやすい枠組みを与えてくれるのがエゴグラムです。これは，精神医学者バーンの交流分析をもとにデュセイが考案したものです。デュセイによれば，「エゴグラムとは，それぞれのパーソナリティの各部分同士の関係と，外部に放出している心的エネルギーの量を棒グラフで示したもの」（デュセイ，1977）です。

　エゴグラムでは，自我状態を親の自我状態，大人の自我状態，子どもの自我状態の 3 つに分けてとらえます。さらに，親の自我状態には 2 つの機能的側面があり，批判的な親の自我状態と養育的な親の自我状態に分けてとらえます。子どもの自我状態にも 2 つの機能的側面があり，自由な子どもの自我状態と順応した子どもの自我状態に分けてとらえます。

　5 つの自我状態の特徴を表 8-1 に示しましたが，それぞれつぎのように特徴づけることができます。

　批判的な親の自我状態（CP：Critical Parent）は，叱る，命じる，罰するといった批判的で厳しい心，理想の実現を目指す心，良心や責任感を伴った強い心など，いわゆる父性的な心を指します。

　養育的な親の自我状態（NP：Nurturing Parent）は，人の気持ちに同情する，慰める，許すといった共感的で受容的な心，人をやさしく保護し面倒見がよく養育的な心など，いわゆる母性的な心を指します。

　大人の自我状態（A：Adult）は，物事を事実に基づいて冷静に判断し，状況を的確に把握する現実的で理性的な心を指します。

　自由な子どもの自我状態（FC：Free Child）は，天真爛漫に感情を表出する無邪気な心，何にも縛られずに思いのままに行動する自発的で自由奔放な心を指します。

　順応した子どもの自我状態（AC：Adapted Child）は，人の言うことを素直に聞き，自己主張を抑えて人に合わせる従順な心，人からどう見られているかを気にし，人の期待に応えようとする心を指します。

表 8-1　5 つの自我状態の特徴

批判的親（CP）	・責任感が強い ・厳格である ・批判的である ・理想をかかげる ・完全主義
養育的親（NP）	・思いやりがある ・世話好き ・やさしい ・受容的である ・同情しやすい
大人（A）	・現実的である ・事実を重要視する ・冷静沈着である ・効率的に行動する ・客観性を重んじる
自由な子ども（FC）	・自由奔放である ・感情をストレートに表現する ・明朗快活である ・創造的である ・活動的である
順応した子ども（AC）	・人の評価を気にする ・他者を優先する ・遠慮がちである ・自己主張が少ない ・よい子としてふるまう

　これら5つの心のうち，どれが強くてどれが弱いかをグラフ化して示したものがエゴグラムです。5つの心の偏りが，人間関係面からみたその人らしさをあらわすことになります。エゴグラムのもとになる得点を算出するためのパーソナリティ検査も開発されていますが，もともとはエゴグラムは直観的に描くものでした。エゴグラムを作成するには，図8-1のように，まず自分が一番多く使うと判断した自我状態を棒グラフで描き，つぎに一番使うのが少ないものを描きます。その他の自我状態は，この2本の棒グラフをもとに相対的な高さで描き込みます。デュセイは，エゴグラムの示すいくつかの典型的なパターンをあげています（図8-1）。

　龍たち（2013）は，勉強面でやるべきことをなかなかやらない学業的延引行動とエゴグラムの関係を検討し，CP，NP，Aと学業的延引行動との間に負の相関を見出しています。これは，自律性を重んじる親の自我状態や合理的判断に必要な大人の自我状態の乏しさが，学業的延引行動につながっていることを示唆するものといえます。

8.2　自己開示傾向にあらわれるパーソナリティ

8.2.1　対人的開放性の2種

　対人的開放性をあらわす指標として，従来は社会的外向性（社交性）が用いられていましたが，榎本（2004）はそれに加えて自己開示性も加え2次元で対人的開放性をとらえることを提唱しています（図8-2）。

　社会的外向性は，日本で最も広く用いられている性格検査であるYG性格検査の12尺度の一つにもなっており，ビッグ・ファイブという呼び名が広まっている性格の基本的な5因子の一つにもなっています。YG性格検査によれば，社会的外向性とは，人と接するのが好きな社交的傾向のことです。チークとバス（1981）は，社交性を他者と一緒にいることを好む性質とした上で，表8-2のような社交性尺度を作成しています。これらの項目が当てはまるほど社交性が高いことになります。

　社会的外向性の高い人は，だれとでも適当に楽しく雑談することができ，初

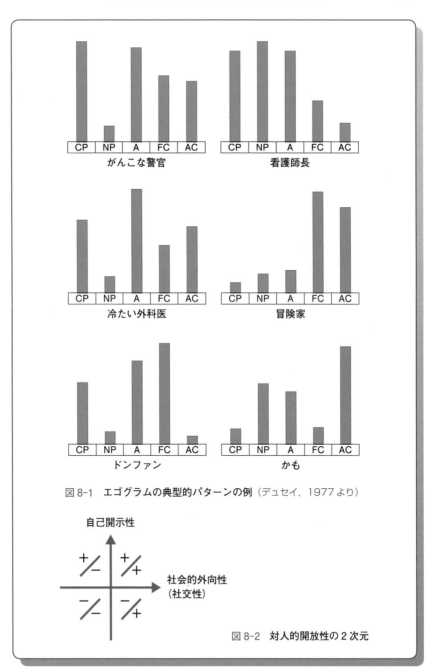

図 8-1　エゴグラムの典型的パターンの例（デュセイ，1977 より）

図 8-2　対人的開放性の２次元

対面の相手やよく知らない相手を前にしても緊張せず，慣れ親しんだ相手を前にしたときと同じようにごく自然に振る舞うことができます。それに対して，社会的外向性の低い人は，人と話す際に何を話したらよいかの判断が即座にできないため，初対面の相手やよく知らない相手を前にすると緊張し，慣れ親しんだ相手を前にしているときとはまるで別人のようにぎこちなくなります。このような特徴からすれば，初対面の相手やよく知らない相手とも気後れせずに話すことができるかどうか，はじめての場や慣れない場でも自由に振る舞えるかどうかも，社会的外向性のわかりやすい指標といえるでしょう。

　一方，**自己開示性**は，自分の内面を率直に他者に伝える心理傾向を指します。人づきあいの中で，何かにつけて率直に胸の内を明かす人もいれば，あまりホンネの部分は明かさない人もいます。前者は自己開示性の高い人，後者は自己開示性の低い人ということになります。自己開示性は，**表8-3** のような尺度でとらえます。

　自己開示性も，対人的開放性をあらわしますが，社会的外向性とは別の次元に関するものとみなすことができます。たとえば，だれとでも気軽に話すことができ，話術に長け，場を和ますのが上手な社会的外向性の高い人の中にも，内面に触れるような話題は巧みに避けるため，内面がなかなか窺い知れない，得体の知れない感じの人もいます。そのような人は，社会的外向性は高いけれども自己開示性は低い人物ということになります。反対に，よく知らない人たちと話すのは緊張するし気疲れするため，社交の場を極力避けようとする社会的外向性の低い人の中にも，馴染んだ相手に対しては常にホンネを率直に語るため，内面がそのまま伝わってくる感じの人もいます。そのような人は，社会的外向性は低いけれども自己開示性は高い人物ということになります。こうした観点から榎本は，人に対して開放的かどうかをとらえる際に，社会的外向性と自己開示性を交差させてとらえることを提唱しています。それによれば，対人的開放性は，社会的外向性と自己開示性の両方とも高いタイプ，どちらか一方のみが高いタイプ，両方とも低いタイプの4つのタイプに類型化することができます。

表 8-2　**社交性尺度**（チークとバス，1981：榎本訳）

①人と一緒にいるのが好きだ。
②人づきあいの場には喜んで出かけていきたい。
③一人で仕事するよりも，人と一緒に仕事するほうが好きだ。
④人とつき合うのは何にも増して刺激的なことだ。
⑤いろいろな人づきあいの場をもつことができないとしたら，それは不幸なことだ。

表 8-3　**榎本の自己開示質問紙（ESDQ）の項目**（榎本，1997）

項目番号	項目内容	項目番号	項目内容
1	知的能力に対する自信あるいは不安	9	職業的適性
16	興味を持って勉強していること	24	興味をもっている業種や職種
31	知的な関心事	39	人生における仕事の位置づけ
2	心をひどく傷つけられた経験	10	こづかいの使い道
17	情緒的に未熟と思われる点	25	自分の部屋のインテリア
32	嫉妬した経験	40	服装の趣味
3	現在持っている目標	11	親の長所や欠点
18	拠りどころとしている価値観	26	家屋に関する心配事
33	目標としている生き方	41	親に対する不満や要望
4	容姿・容貌の長所や短所	12	生きがいや充実感に関する事
19	外見的魅力を高めるために努力していること	27	人生における虚しさや不安
34	外見に関する悩み事	42	孤独感や疎外感
5	運動神経	13	休日の過ごし方
20	体質的な問題	28	芸能やスポーツに関する情報
35	身体健康上の悩み事	43	趣味としていること
6	性的衝動を感じた経験	14	文学や芸術に関する意見
21	性に対する関心や悩み事	29	最近の大きな事件に関する意見
36	性器に対する関心や悩み事	44	社会に対する不平・不満
7	友人に対する好き・嫌い	15	友達のうわさ話
22	友人関係における悩み事	30	芸能人のうわさ話
37	友人関係に求める事	45	関心のある異性のうわさ話
8	過去の恋愛経験	（高校生・大学生用に用いられているもの）	
23	異性関係における悩み事		
38	好きな異性に対する気持		

8.2.2　自己開示傾向からみたパーソナリティ

　自己開示の程度には性差があり，男性より女性のほうが自己開示度が高いということに関しては，各国で行われた調査研究において一貫して示されています（榎本，1997）。榎本たち（榎本・林，1983；林・榎本・鈴木，1988）は，そうした性差がすでに小学生の年齢段階からみられることを確認しています。スネルたち（1988，1989）やベラとベッツ（1992）は，相手が男性であっても女性であっても，感情についての自己開示度は男性より女性のほうが高いことを報告しています（図8-3）。

　このような自己開示にみられる性差は，社会規範，この場合は性役割観によるところが大きいと考えられます。男性の場合は，むやみに感情をあらわにせず，冷静さを保つ強さが求められ，心の動揺や内面的な弱さ，不安定さを表出するのは好ましくないとされます。一方，女性の場合は，感情や弱さ，不安定さを抑制すべきといった規範はなく，むしろ感情的な脆さや不安定さも女性らしさとして受容されやすいといった面があります。こうした性役割観を自己開示に当てはめると，男性は自己開示を控えるように社会的圧力を受け，女性は率直に自己開示するように社会的圧力を受けていることになります。それによって，男性より女性のほうが自己開示度が高いという性差が生じていると考えられます。

　自己開示性と他のパーソナリティ特性との関係についても，さまざまな知見が得られています。たとえば，親和欲求に関しては，それが強い人のほうが自己開示度も高いと予想されますが，予想通りの結果が得られています（アンドウ，1978；加藤，1978）。また，権威主義者は率直に自己開示するとは考えられず，権威主義的パーソナリティと自己開示度の間には負の関係が予想されますが，これについても予想通りの結果が得られています（ハルヴァーソンとショア，1969；タックマン，1966）。

8.2.3　自己開示傾向からみたパーソナリティの健康性

　パーソナリティの健康性と関連するものにアイデンティティ地位があります。マーシャ（1966）は，アイデンティティの危機を経験しているかどうか（危機

自己開示度

男性は女性より自己開示度が高い
↑
　性役割観
　　男性：むやみに感情をあらわにせず，冷静さを保つべき，
　　　　　心の動揺や内面的な弱さ，不安定さを表出すべき
　　　　　でない，とされる
　　　　　　　→自己開示を控えるように社会的圧力を受けている

　　女性：感情的な脆さや不安定さも受容されやすい
　　　　　　　→率直に自己開示するように社会的圧力を受けている

親和欲求の高い人は自己開示度も高い

権威主義的な人は自己開示度が低い

図 8-3　**自己開示傾向とパーソナリティ**

の有無）と自分自身の信念を明確にもちそれに基づいて行動しているかどうか（傾倒の有無）という2つの基準を交差させて，アイデンティティ達成群，モラトリアム群，早期完了群，アイデンティティ拡散群という4つのタイプに類型化しています（表8-4）。さらに，オーロフスキーたち（1973）は，この4つに疎外的達成群を加えた5タイプに類型化しています（表8-4）。

　オーロフスキーたち（1973）は，アイデンティティ地位と友人関係の親密さの関係を検討し，アイデンティティ達成群，疎外的達成群，モラトリアム群（とくに前二者）では他者と親密な関係を築いている者が多いのに対して，早期完了群やアイデンティティ拡散群では，たとえ多くの友だちがいたとしても，真の親密さの欠けた表面的な関係に終始している者が多いことを見出しています。ここから，アイデンティティの危機を経験し，その中でアイデンティティ達成へと努力している者，あるいはアイデンティティを達成した者こそが他者と真に親密な関係を築いていることがわかります。

　榎本（1991）は，防衛的でない柔軟かつ肯定的な自己評価をもっているという意味での安定性が自己開示を促進するという仮説のもとに，アイデンティティ地位と自己開示性との関係を検討し，仮説通りの結果を得ています。各アイデンティティ地位ごとの相手別自己開示得点を示したのが表8-5です。父親に対する自己開示度は，アイデンティティ達成群，モラトリアム群および早期完了群がほぼ同程度で高く，疎外的達成群が最も低く，その中間がアイデンティティ拡散群となっています。母親に対する自己開示度は，アイデンティティ達成群と早期完了群が最も高く，モラトリアム群と疎外的達成群がこれに続き，アイデンティティ拡散群が最も低くなっています。最も親しい同性の友人に対する自己開示度は，アイデンティティ達成群と疎外的達成群が最も高く，モラトリアム群がこれに続き，早期完了群やアイデンティティ拡散群が最も低くなっています。最も親しい異性の友人に対する自己開示度は，アイデンティティ達成群が圧倒的に高く，疎外的達成群およびモラトリアム群がこれに続き，アイデンティティ拡散群がさらに低く，早期完了群が最も低くなっています。

　このような結果には，各アイデンティティ地位の特徴がよくあらわれているといえます。たとえば，アイデンティティ達成群はどの相手に対しても自己開

表 8-4　アイデンティティ地位の 5 つのタイプ

アイデンティティ達成群
　危機を経験した末に自分なりの回答を見つけ，その生き方に傾倒している。

モラトリアム群
　危機を経験している最中で，何かに傾倒したいと一所懸命に模索している。

早期完了群
　何ら危機的なものは経験せずに，親などから受け継いだ生き方に何の疑問もなしに傾倒している。

アイデンティティ拡散群
　危機を経験しているかしていないかにかかわらず，何かに傾倒するということがなく，また積極的に模索するということもない。

疎外的達成群
　何ら既成の職業的なものに傾倒しないという生き方に傾倒している。

表 8-5　アイデンティティ地位と相手別自己開示度（榎本，1991）

	父親	母親	同性友人	異性友人
アイデンティティ達成	95.63 (35.17)	115.58 (30.53)	141.95 (30.09)	110.35 (52.51)
モラトリアム	94.31 (28.01)	107.23 (36.37)	136.49 (32.08)	93.91 (55.43)
早期完了	92.57 (36.91)	113.71 (30.62)	128.14 (38.74)	77.95 (56.43)
アイデンティティ拡散	80.41 (26.28)	97.25 (30.28)	125.95 (35.27)	84.94 (50.08)
疎外的達成	72.63 (35.16)	106.25 (18.10)	141.50 (29.65)	97.38 (61.03)
計	87.16 (30.87)	105.10 (31.84)	132.13 (34.21)	91.66 (53.30)

$N = 191$

示度が他のタイプより高く，アイデンティティ拡散群はどの相手に対しても自
己開示度が低くなっています。これは，アイデンティティの達成が親密な人間
関係を築くための前提条件になるとするエリクソン（1959）の説に沿った結果
となっています。また，早期完了群は，両親に対してはアイデンティティ達成
群並みに高く，友人に対してはアイデンティティ拡散群並みに低くなっていま
すが，疎外的達成群はそれとほぼ正反対の傾向を示しています。これは，親の
価値観を無批判に受け入れ，権威主義的傾向があり，友人がたとえ多くても表
面的な関係に終始しがちとされる早期完了群と，権威に対して否定的で，対等
な人間関係の中での深いつきあいを求めるとされる疎外的達成群の対照性をよ
くあらわしています。そして，モラトリアム群は，ほぼ平均的な自己開示傾向
を示しており，取り立てて特徴はないものの，友人に対する自己開示度がアイ
デンティティ達成群や疎外的達成群とともに高く，深い友人関係の中でアイデ
ンティティ達成に向けて格闘している姿が浮き彫りになっています。

8.3　自己モニタリング

　場にふさわしい言動がとれる人もいれば，場違いな言動を平気でとってしま
う人もいます。前者と一緒のときは安心していられますが，後者と一緒のとき
などは何を言い出すかわからないため，場違いなことを言って周囲の人たちを
困惑させやしないかと気を抜けません。このようなパーソナリティの違いを理
解するのに有効なのが自己モニタリングという概念です。

　スナイダーは，自分自身の感情表出行動や自己呈示を観察しコントロールす
る性質には個人差があることを指摘し，そうした個人差を説明するものとして，
自己モニタリングという概念を提起しました。スナイダー（1974）によれば，
自己モニタリングとは，自分の感情表出行動や自己呈示を観察し調整すること
を指します（表 8-6）。

　自己モニタリング傾向の強い人は，自分がどのように見られるかについての
関心が強く，それゆえ自分の行動の適切さに対する関心も強くなります。その
ため，他者の感情表出行動や自己呈示に敏感で，そうした情報を用いて自分の

表8-6　自己モニタリングとは

自己モニタリング＝自分の感情表出行動や自己呈示を観察し調整すること

自己モニタリング傾向の強い人……自分がどのように見られるかについての
　関心が強く，それゆえ自分の行動の適切さに対する関心も強い。

自己モニタリング傾向の弱い人……人からどう見られるかとか自分の行動が
　社会的状況にふさわしいかどうかにあまり関心がない。

表8-7　自己モニタリング尺度を構成する2因子
（レノックスとウォルフ，1984より抜粋：榎本訳）

「他者の表出行動への感受性」因子の主な項目
・相手の目を見ることで，自分が不適切なことを言ってしまったことにたい
　てい気づくことができる。
・他者の感情や意図を読み取ることに関して，私の直観はよく当たる。
・だれかが嘘をついたときは，その人の様子からすぐに見抜くことができる。
・話している相手のちょっとした表情の変化にも敏感である。

「自己呈示の修正能力」因子の主な項目
・その場でどうすることが求められているのかがわかれば，それに合わせて
　行動を調整するのは容易い（たやすい）ことだ。
・どんな状況に置かれても，そこで要求されている条件に合わせて行動する
　ことができる。
・いろんな人たちやいろんな状況にうまく合わせて行動を変えるのは苦手で
　ある（逆転項目）。
・相手にどんな印象を与えたいかに応じて，つきあい方をうまく調整するこ
　とができる。

行動をモニターする傾向があります。このように，状況に合わせて自分の行動を柔軟に調整する傾向が強いため，状況による行動の変動が生じやすいといった特徴もみられます。自己モニタリング傾向が適度にあることが社会適応につながりますが，強すぎると自分を抑えすぎて，ストレスを溜め込むことにもなります。

　逆に，自己モニタリング傾向の弱い人は，人からどう見られるかとか自分の行動が社会的状況にふさわしいかどうかにあまり関心がありません。したがって，自分の行動をモニターする傾向が弱く，自分自身の内的特性に則った行動をとるため，周囲の反応や状況に関係なく一貫した行動をとりがちとなります。そのため，時に場にそぐわない言動を平気でとることにもなります。

　自己呈示がうまくできる人とできない人を分ける要因の一つとして，この自己モニタリング傾向があります。ゆえに，自己モニタリング傾向は，自己呈示と関連づけて研究されています。そこでは，自己モニタリング傾向は，他者の言動の意味を解釈する能力（解読能力）と自分の言動を調整する能力（自己コントロール能力）の 2 つの側面からとらえることになります。つまり，他者の反応を見ながら自分の言動が適切かどうかを知る能力と，適切な言動をとるために自分の言動を場にふさわしい方向へと調整する能力です。レノックスとウォルフ（1984）は，他者の表出行動への感受性と自己呈示の修正能力という 2 因子からなる自己モニタリング尺度を作成しています（表 8-7）。

8.4 　対人不安

　パーソナリティと人間関係の関連でとくに問題となるのは**対人不安**です。対人不安とは，バス（1986）によれば，人前に出たときに感じる不快感のことです（表 8-8）。シュレンカーとリアリィ（1982）は，対人不安とは，現実の，あるいは想像上の対人的場面において，他者から評価されたり，評価されることを予想したりすることによって生じる不安であるとしています（表 8-8）。この定義は，バスの定義と比べて，対人不安が生じる心理メカニズムにまで踏み込むものといえます。そして，好ましい自己像を示そうという自己呈示欲求

表 8-8 対人不安とは

バス（1986）

対人不安とは，人前に出たときに感じる不快感のこと。

シュレンカーとリアリィ（1982）

対人不安とは，現実の，あるいは想像上の対人的場面において，他者から評価されたり，評価されることを予想したりすることによって生じる不安である。

コラム 8-1　対人不安の具体的な心理

対人不安が強いと，対人場面を恐れ，回避しようとする。不安なために，人のちょっとした言動にもネガティブな意味を読み取り，傷つきやすい。対人関係を回避しようとするため，率直なかかわりができず，いざというときに助けになる絆ができにくいということもある。

（中略）

そんなふうに気をつかうために友だちと一緒にいても心から楽しむことができない。初対面の相手と話すときに気をつかって疲れるのはわかるが，友だちと話していても疲れる自分はおかしいのではないか。そんな悩みを抱えて相談に来る学生もいる。

「友だちといると，ふつうは楽しいんですよね。でも，僕は楽しいっていうより疲れる。僕の言ったことや態度で友だちを不快にさせていないか，いちいち考えながら発言したり行動したりしているから，疲れちゃうんです。だから，家に帰ると疲れが出て，しばらく動けなくなります。なぜ自分は友だちと話すのにこんなにも神経をすり減らすのか。こんなに気をつかっているのに，なぜ親しい友だちができないのか。やっぱり僕はどこかおかしいんじゃないか。最近そんな思いが強くて，友だちづきあいがぎくしゃくしてきて，どうしたらいいかわからなくなって……」

このように悩みを訴える学生は，このままでは苦しくてしようがないから，なんとかしてそんな自分を変えたいという。

（榎本博明『「対人不安」って何だろう？』ちくまプリマー新書）

が強いほど，また自己呈示がうまくいく主観的確率が低いほど，対人不安が強くなるという，対人不安を自己呈示に結びつけたモデルを提起しています。

　対人不安には，話すことに対する不安や相手から好意的にみてもらえるかどうかに対する不安が含まれます。たとえば，よく知らない人や，それほど親しくない人と会う際には，「うまくしゃべれるかな」「何を話したらいいんだろう」「場違いなことを言ってしまわないかな」などといった不安が頭をもたげてくるため，会う前から緊張してしまいます。会ってからも，「好意的に受け入れてもらえるかな」「変なヤツと思われないかな」などといった不安に駆られ，相手の言葉や態度に非常に過敏になり，気疲れしてしまいます（コラム8-1）。

　対人不安には，場違いな自分を出してしまう不安も含まれますが，相手の反応を気にしすぎると率直な自己開示がしにくくなるということがあります。筆者が150名ほどの大学生を対象に，日頃よく話す友だちに自分の思っていることを率直に話しているかどうか尋ねる調査を実施したところ，ほとんどの学生が率直に話すのは難しいと答えました。その理由として，現在の関係のバランスを崩すことへの不安，深い相互理解に対する否定的感情，相手の反応に対する不安のいずれかに分類できる回答をしていました（表8-9）。

　対人不安は，対人的場面に関連した不安ですが，それには人に見られる自分の姿に対する自信ばかりでなく，自分に対する自信全般が関係していると考えられます。大学生活に満足している者より不満足な者のほうが対人不安が強いといったデータもありますが（武藤たち，2012），うまく適応できていないことによる自信のなさが対人不安につながっていると考えられます。

　榎本たち（2001）は，自己評価や自分の過去および未来への態度と対人不安の関係を検討し，自己評価の低さが対人不安を最も強く規定し，また自分の過去へのとらわれや過去の拒否の強さ，および未来の不明確さが対人不安の強さにつながることを明らかにしています。横井・榎本（2002）も，自分の過去にとらわれ，よく後悔し，消したい過去があり，過去をよく思い出し，思い出すととても嫌になる出来事があり，書き換えたい過去がある者ほど対人不安が強く，自分の過去に満足しており，自分の過去が好きで，明るい思い出が多い者

表 8-9　　**自己開示がしにくい心理的要因**（榎本，1997）

①**現在の関係のバランスを崩すことへの不安**
　　重たい話を持ち出して今の楽しい雰囲気を壊すことへの不安や，お互いに
深入りして傷つけたり傷つけられたりすることへの恐れの心理を反映するも
の。

②**深い相互理解に対する否定的感情**
　　友だち同士であっても感受性や価値観が違うものだし，自分の思いや考え
を人に話してもどうせわかってもらえないだろうというように，人と理解し
合うことへの悲観的な心理を反映するもの。

②**相手の反応に対する不安**
　　そんなことを考えるなんて変なヤツだと思われないか，つまらないことを
深刻に考えるんだなあと思われたら嫌だ，などといった心理を反映するもの。

ほど対人不安が弱いことを見出しています。自分の過去に対して否定的な傾向は自信のなさに通じると考えられるので，これも自信のなさが対人不安につながることの証拠といえます。

　ただし，対人不安にも効用があります。それは，不安ゆえに相手の反応を注視し，相手の気持ちを配慮することによります。そのため，対人不安が相手の気持ちに対する共感性を高めると考えられます。対人不安と共感能力の関係を検討する調査を行ったチビーエルハナニとシェイメイーツーリィ（2011）は，対人不安の弱い人より強い人のほうが他者の気持ちに対する共感性が高く，相手の表情からその内面を推測する能力も高いことを見出しています。

　対人不安が極度に強まったものが社交不安障害です。これは，他者から注目を浴びたり評価されたりする可能性のある状況に対して，極度の不安や恐怖を抱き，社交場面を極力避けようとすることで，現実生活に支障をきたす状態のことです。社交不安障害の特徴として，対人場面における他者の言動の意味に対する解釈の歪みも指摘されています（アボットとラピー，2004；相澤，2015；アミンたち，1998；アスマンドソンとスタイン，1994；ヒルシュとクラーク，2004；ストーパとクラーク，2000）。典型的な認知の歪みとして，以下のような傾向がみられます。

①他者の否定的な言葉に注目が向きやすい。

②他者の言動の意味を否定的に解釈しがち。

③自分の言動が与えた印象を否定的に評価しがち。

　情緒的交流をもつことが苦手で他者とのコミュニケーションに困難をきたす自閉症スペクトラム障害（ASD）にも対人不安が関係しているとみられます。自閉症スペクトラム障害者は対人不安も強く，それはこの障害の中核的特性と関係しているとの指摘もあります（フリースたち，2013；ベジェロット，2014；北添たち，2014；リューたち，2015；スペインたち，2018）。

9

パーソナリティの
認知

9.1　パーソナリティへの帰属

　私たちは多くの人間関係をこなしながら暮らしていますが，人とかかわる際に気になるのは相手のパーソナリティです。相手がどんなパーソナリティの持ち主であるかがわかれば適切に対応できますが，相手のパーソナリティがわからないと対応に戸惑ってしまいます。では，私たちは他人のパーソナリティをどのようにして知るのでしょうか。パーソナリティを直接知ることはできないので，表面にあらわれた行動を観察したり，日頃の口癖を思い出したりして，「あの人は○○なパーソナリティだ」というように判断します。ただし，表面にあらわれた言動が必ずしもその人のパーソナリティによるものとはいえません。

　たとえば，援助行動については，その場にいる人の数が多くなるほど援助行動が起こりにくいことがわかっています。それは，居合わせる人が多いほど，責任の分散心理が働くからです。ゆえに，人通りが非常に多い交差点の傍の歩道に倒れている人がいる場合，多くの人は見向きもせずに通り過ぎますが，その人たちがみんな不親切で冷たいパーソナリティだと判断するわけにはいきません。援助行動が起こらなかったのは，必ずしもパーソナリティのせいではなく，状況要因のせいとも考えられるからです。倒れている人を見向きもせずに通り過ぎた人も，もしほとんど人通りのない道に倒れている人がいたとしたら助けた，あるいは通報したかもしれないからです（表9-1）。

　何らかの結果が出たときの原因を何のせいにするかという原因帰属は，動機づけの心理学で盛んに研究されてきましたが，パーソナリティを推測する際にも，ある行動をとったのは状況のせいなのか，それとも本人のパーソナリティのせいなのかといった形でかかわってきます。たとえば，どんな状況でも人に対して親切にする場合は，親切なパーソナリティの持ち主であるとみなすのが妥当でしょうが，親切に振る舞うのを一度目撃したからといって親切なパーソナリティの持ち主とみなすのは危険です。内的要因のせいにするためには，さまざまな状況での一貫性が必要です。また，いつも親切な行動をとっているとしても，それが人事評価の権限をもつ直属の上司の前であれば，それは外的要

表 9-1　**状況要因のせいか，パーソナリティ要因のせいか**

事例：倒れている人がいても気にせずに通り過ぎた。

　　人通りが多く，責任の分散心理が生じたというような状況要因のせい。
　　不親切や冷淡といったパーソナリティ要因のせい。

事例：勤務時間終了後に，まだ終わらない仕事を手伝ってくれた。

　　友だちと飲みに行く時間まで暇だったからというような状況要因のせい。
　　親切とか面倒見がよいといったパーソナリティ要因のせい。

判断の決め手は？

　　どんな状況でも似たような行動をとる傾向があるかどうか。
　　　＝通状況的一貫性
　　自発的にとられた行動かどうか。

因のせいであって，親切なパーソナリティといった内的要因のせいではないか
もしれません。

　ある行動が自発的になされたもので，本人のパーソナリティや価値観など内
的要因によって生じたと推論することを**内的帰属**，外的な諸要因によって引き
起こされたと推論することを**外的帰属**といいます（外山，2000；図9-1）。集
団の圧力が働いているような場合は外的な要因に帰属され，本人の内的要因に
帰属されることはありません。またその行動により何らかの利得が得られるよ
うな場合も，本人の内的要因に帰属されることはありません。このように強い
促進要因がある状況で内的要因が低く査定されがちな推論の原則のことを**割引
原理**といいます。一方，周囲の反対にもかかわらずある行動をとる場合や，多
大な犠牲を払ってでもある行動をとるような場合のように，その行動をとりに
くい状況であるにもかかわらず，その行動がとられたときは，とくに強く本人
の内的要因に帰属されます。このような推論の原則のことを**割増原理**といいま
す。

　ジョーンズとデイヴィス（1965）は，だれもが望むような行動や社会の慣
習・規範に従った行動は，その人のパーソナリティに関する情報をもたらさな
いのに対して，ふつうの人がとらないような変わった行動，予測に反する行動，
一般に好まれない行動，社会的に望ましくない行動などは，その人のパーソナ
リティに関する推測を可能にする情報価値をもつとしています。シボーとケ
リー（1959）は，人が要求に従うのは善意の感情（内的要因）により自ら望ん
でそうするのか，脅迫や約束（外的要因）により無理してそうしているのかに
着目しています。そして，比較的権力のある人物が要求に従う場合は内的要因
に帰属され，権力のない人が要求に従う場合は外的要因に帰属されやすいとし
ています（ハストーフたち，1970）。

9.2　対人認知の次元

　私たちは，相手のパーソナリティを判断する際に，どのような情報を手がか
りにしているのでしょうか。相手がどのような人物であるかを判断することを

内的帰属：本人のパーソナリティや価値観など
　　　　　　内的要因によって生じたと推論すること。

> 自発的行動
> 一般的でない行動
> 社会的に望ましくない行動

↓

> 本人のパーソナリティや価値観などの内的要因に
> よって引き起こされたと推論

外的帰属：外的な諸要因によって引き起こされたと
　　　　　　推論すること。

> 慣習や規範に則った行動
> 社会的に望ましい行動
> 状況要因が強く働く場面での行動

↓

> 慣習，社会規範，同調圧力，利害関係，権力関係
> などの外的要因によって引き起こされたと推論

図 9-1　**内的要因への帰属，外的要因への帰属**

対人認知といいます。対人認知に際しては，私たちは相手に関するさまざまな次元の情報を参考にします。たとえば，容姿・容貌や服装のような外見的手がかりや，社会的場面でみられる行動的特徴，性格や自己概念や価値観のような内面的特徴など，手に入るあらゆる情報を手がかりに，目の前の人物に対する印象が形成されます（表9-2）。

　ローゼンバーグたち（1968）は，人間関係面での良し悪しと知的能力面での良し悪しという2つの次元で対人認知が行われるとしました（図9-2）。実際，友だちや仕事上かかわりのある人物を評する言葉には，「頭はよいんだけど，性格がきつくて人とうまくいかないんだよね」「人当たりがよくて，だれとでもうまくつき合えるんだが，仕事がいまいちできないんだなあ」などと，人間関係面と知的能力面の2次元でとらえていることが多いものです。

　対人認知の次元に関しては多くの研究が行われてきましたが，大橋たち（1975）や林（1978）は，個人的望ましさ，社会的望ましさ，活動性の3つの次元でとらえられるとしています。社会的望ましさは，人間関係面の良し悪しの次元，個人的望ましさは知的能力面の良し悪しと重なっており，それに活動性が加わるものの，人間関係面と知的能力面で人を判断するのは多くの人に共通する傾向といってよいでしょう。

9.3　暗黙のパーソナリティ理論（暗黙の性格観）

　初対面の相手はもちろんのこと，まだ知り合って間もない相手の内面はまったく未知の世界です。でも，得体の知れない相手とやりとりするのは不安なため，わずかな情報を手がかりに，できるだけ手っ取り早く相手のパーソナリティや能力面の特徴を推測しようとします。その際に，観察者側の過去経験による勝手な推論が無意識のうちに働き，相手が実際には示していない特徴までも相手の中に見たつもりになることがあります。その典型的な認知システムが暗黙のパーソナリティ理論（ブルーナーとタギウリ，1954）です。

　暗黙のパーソナリティ理論とは，これまでの経験によって形成されたもので，パーソナリティ特性同士の関係，あるいはパーソナリティ特性と行動や外見と

表 9-2　対人認知で用いられる情報の次元

外見的手がかり	容姿・容貌・服装など相手の外見。
行動的特徴	相手の自分に対する行動や他者に対する行動など。
内面的特徴	相手の持続的な性格特性，相手の感情的適応と自己概念，価値観など。

【ローゼンバーグの 2 次元】

● 人間関係面での良し悪し

温かい，社交的な，人気のある　◆━━━▶　不幸な，冷たい，ユーモアのない　など

● 知的能力面での良し悪し

勤勉な，理性的な，意志の強い　◆━━━▶　愚かな，無責任，軽薄な　など

【林が抽出した 3 次元のうちの 2 つ】

● 社会的望ましさ

冷たい―温かい，人の良い―人の悪い，親切な―意地悪な　など

● 個人的望ましさ

頼りない―しっかりした，知的な―知的でない，頭の良い―頭の悪い　など

図 9-2　対人認知の主要な 2 つの次元　（林, 1978 をもとに作成）

の関係についての認知システムです。たとえば，これまでの経験によって，知的な人は，しっかりしているが，競争心が強く，利己的で，冷たくて，思いやりがないといったパーソナリティ理論を暗黙のうちにもっている人がいるとします。そのような人が，まだよく知らない人物に関して，知的な人だという情報を得ると，ほぼ自動的に「利己的でつきあいづらい人物」といった印象をもってしまいます。実際には，知的な人の中にも温かく思いやりのある人物もいるはずですが，暗黙のパーソナリティ理論のせいで，「知的」という情報を確認しただけで，「知的」というパーソナリティ特性と暗黙のうちにネットワーク化されている他のパーソナリティ特性までもその人物がもっているように思い込んでしまうのです（図9-3）。

　暗黙のパーソナリティ理論には，容姿・容貌，髪型・化粧，服装などの外見的特徴とパーソナリティ特性を結びつけたものや，しゃべり方，声の大きさ，しぐさ，歩き方，車の運転の仕方などの行動特徴とパーソナリティ特性を結びつけたものなどがあります（表9-3）。

　暗黙のパーソナリティ理論は，乏しい手がかりから相手の人柄を推測するのに役立ちますが，時に偏見にもつながりかねません。暗黙のパーソナリティ理論により相手に帰属させた何の根拠もないパーソナリティ特性であっても，いったんつくられた印象はなかなか修正がきかないため，目の前の相手をきちんと見ずに偏見でその人柄を判断しているというようなことが日常的に起こっている可能性があります。その場合，目の前の人物を見ているつもりでありながら，実際には見る側の心の中にある暗黙のパーソナリティ理論により引き出された架空の人物を見ていることになります。

9.4　ステレオタイプと自己スキーマ

9.4.1　見る側の要因

　ドーンブッシュたち（1965）は，2人が同一の友だちについて記述する際のカテゴリーの重複（45％）よりも，1人が2人の異なる友だちについて記述する際のカテゴリーの重複（57％）のほうが大きいことを見出しました。たとえ

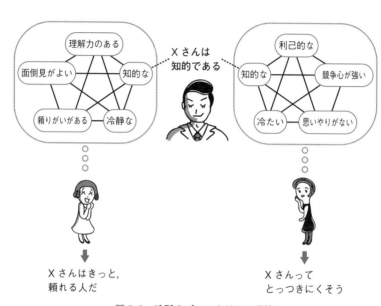

図 9-3　暗黙のパーソナリティ理論

表 9-3　さまざまな暗黙のパーソナリティ理論

外見的特徴とパーソナリティを結びつけるもの
　容姿・容貌，髪型・化粧，服装などからパーソナリティ
を推測する。

行動特徴とパーソナリティを結びつけるもの
　しゃべり方，声の大きさ，しぐさ，歩き方，車の運転の
仕方などからパーソナリティを推測する。

ば，別々の人が「A君はこういう人だ」と言う場合の形容詞の重なりよりも，
同じ人がA君とB君について「A君はこういう人だ」「B君はこういう人だ」
と言う場合の形容詞の重なりのほうが大きいということです。ここからわかる
のは，対人認知においては見る側の要因が大きく作用するということです。つ
まり，人についての判断に，判断する側の人のもつ特徴があらわれるのです。
そこで，見る側の要因として，ステレオタイプと自己スキーマを取り上げます。

9.4.2　ステレオタイプ

　ステレオタイプとは，人種・民族，性別，年齢，職業などの社会的カテゴ
リーで分類される集団に対する紋切り型のとらえ方のことです。たとえば，日
本人は内気で恥ずかしがり，アメリカ人は明るく社交的，雪国出身の人は寡黙
で忍耐強い，女性は繊細でやさしい，歳をとると頑固になる，銀行員は堅くて
きまじめ，などといった私たちの社会で広く共有されている見方も，ステレオ
タイプの一種といえます。実際には個人差が非常に大きいはずです。

　マクガーティたち（2002）は，ステレオタイプのもつ基本的な原則として，
表9-4のような3つをあげています。

　ステレオタイプのお陰で，私たちは目の前の人物，あるいは問題となってい
る人物や集団の性質について，手っ取り早く判断することができます。ただし，
それが時に対人認知を歪め，偏見や差別につながります。

　コーエン（1981）は，ビデオに出てくる女性がウェイトレスあるいは司書で
あるという情報を前もって実験参加者に与えてからビデオを視聴させ，その後
に記憶テストを行いました。その結果，ビデオで描かれた行動のうち，ウェイ
トレスという情報を与えられていた者はウェイトレスらしい特徴を，司書とい
う情報を与えられていた者は司書らしい特徴をよく覚えていることがわかりま
した。つまり，ステレオタイプに合致しない特徴よりも合致する特徴をよく覚
えていたのです。これは，ステレオタイプに合致する行動を意識していたため
とくに印象に残ったのだと考えられます。

　バナジたち（1993）は，前もって依存性あるいは攻撃性に関連する特性群に
触れさせてから，ある架空の人物の行動を記述した文章を読ませ，その人物が

表9-4　**ステレオタイプのもつ基本的原則**

①ステレオタイプは説明の助けとなる。

②ステレオタイプはエネルギー（労力）を節約する道具である。

③ステレオタイプは共有された集団信念である。

もつ特性を評定させるという実験を行っています。その結果，前もって依存性に関連する特性群に触れた場合は，登場人物が同じ行動をとっているにもかかわらず，その人物が女性である場合のほうが男性である場合よりも依存的であるとみなしていました。同様に，前もって攻撃性に関連する特性群に触れた場合は，登場人物が同じ行動をとっているにもかかわらず，その人物が男性である場合のほうが女性である場合よりも攻撃的であるとみなしていました（表9-5）。このような結果は，依存性に関連する特性群に触れることで「女性は依存的である」というステレオタイプが活性化し，攻撃性に関連する特性群に触れることで「男性は攻撃的である」というステレオタイプが活性化することを示していますが，そのようなステレオタイプが広く共有されていることの証拠ともいえます。

　ステレオタイプは無意識のうちに作用するものであり，人種差別のような深刻な社会問題の背景にもステレオタイプが作用していると考えられます。

　パークとバナジ（2000）たちが行った偏見についての実験では，犯罪者や政治家の名前がいくつも並べられていて，それぞれが犯罪者か政治家かを判断させたりします。その結果，アフリカ系アメリカ人の名前を犯罪者に分類し，ヨーロッパ系アメリカ人の名前を政治家に分類する傾向が，ニュートラルな気分の人よりポジティブな気分の人のほうにはるかに強くみられました。アンケルバッハたち（2008）は，人物の写真を用い，その写真の人物が銃をもっている場合に射撃するという実験を行っています。その結果，ポジティブ気分の人は，銃をもっていないのにターバンを巻いている（イスラム教徒に関するステレオタイプを喚起）だけで撃つのに対して，ネガティブ気分の人はターバン以外の特徴にもしっかり目を向けて銃をもっているかどうかで撃つか撃たないかを判断する傾向がみられました。これらはネガティブ気分の効用を証明した実験とされますが，それは同時にステレオタイプが対人認知に強く影響していることを示すものともいえます。

　ステレオタイプは対人認知に影響するだけでなく，それをもつ本人自身の行動にも影響します。たとえば，加齢に対するさまざまなステレオタイプがありますが，加齢に関するネガティブなステレオタイプを提示することで，課題遂

表 9-5 **性別ステレオタイプの潜在的影響**（バナジたち，1993）

(1) 依存性

相手の性別	前もって提示された刺激語	
	中性語	依存性に関連する言語
女　性		
平均	6.26	8.25
標準偏差	2.64	2.17
人数	19	16
男　性		
平均	7.22	5.83
標準偏差	1.50	2.49
人数	22	24

(2) 攻撃性

相手の性別	前もって提示された刺激語	
	中性語	攻撃性に関連する言語
女　性		
平均	7.00	7.05
標準偏差	2.09	1.78
人数	27	35
男　性		
平均	6.45	7.68
標準偏差	2.15	1.48
人数	33	38

行における高齢者の成績が低下することがわかっています。これを説明するの
が，レヴィ（2003）の**加齢自己ステレオタイプ理論**です。社会的に共有されて
いる加齢に関するネガティブなステレオタイプが個人の中に潜在する場合，自
らが高齢者になったとき自分自身にもそれを当てはめるようになります。それ
により，課題遂行の成績が低下するといったことが起こってきます。フェルナ
ンデス-バレステロスたち（2015）は，加齢に関するネガティブなステレオタ
イプを提示することで単語再生課題の成績が変動するかどうかを検討していま
す。その結果，加齢に対する自己認知がポジティブな人は提示されたステレオ
タイプの影響を受けにくく成績の低下はみられませんでしたが，加齢に対する
自己認知がネガティブな人は提示したステレオタイプの影響を受けやすく成績
の低下がみられました。ステレオタイプと自己認知が一致する場合，ステレオ
タイプの影響を受けやすいというわけです。

9.4.3　自己スキーマ

　無意識のうちに対人認知に影響するものとして，ステレオタイプの他に自己
スキーマがあります。**自己スキーマ**とは，過去経験によって形成された自己に
ついての認知の一般化されたもので，自己にかかわる情報処理を規定するもの
です（マーカス，1977）。

　たとえば，自分は内向的である，自立心が強い，権力志向がない，誠実であ
る，思いやりがある，忍耐強い，集中力があるなどといった自己に関する知識
が自己スキーマに相当し，それは自己ばかりでなく他者に関する情報処理の仕
方をも規定します（表9-6）。

　ハミル（1980）は，さまざまな顔写真をスライドで呈示し，後に再認させる
という実験により，自己スキーマが他者に関する情報の処理に影響することを
証明しています。その実験では，実験参加者は独立的—依存的の次元での自己
スキーマをもつ者ともたない者に分けられました。そして，スライドを呈示す
る際に，顔のつくりの特徴に注目させる条件とその顔の人物が独立的に見える
かどうかに注目させる条件を設定しました。結果をみると，独立的—依存的の
次元の自己スキーマをもつ者は，顔のつくりに注目する条件より独立的な人物

表 9-6　**自己スキーマが対人認知に与える影響**

自己についての認知の一般化されたもので，自己にかかわる
情報処理を規定するもの。

　たとえば，自分は内向的である，自立心が強い，権力志向
　がない，誠実である，思いやりがある，忍耐強い，集中力
　があるなどといった自己に関する知識。

このような自己スキーマが，自己ばかりでなく，他者に関す
る情報処理の仕方にも影響を与える。

　これから会うことになる知らない人物にどのような質問を
　したいかを尋ねるという実験。

　　外向型としての自己スキーマをもつ者は外的なことが
　　らについての質問を多く選ぶ。

　　　→他者を見る際にも，**自己スキーマに適合するような
　　　情報を探し出そうとしていることがわかる。**

キャリア志向の自己スキーマをもつ者は，そのような自己
スキーマをもたない者よりも，相手に関するキャリア志向
的な情報をよく思い出す。

　　　→**自己スキーマに沿って他者に関する情報処理をして
　　　いることがわかる。**

かどうかに注目する条件のほうで，はるかに高い再認率を示しました。独立的―依存的の次元の自己スキーマをもたない者では，そのような再認率の違いはみられませんでした（マーカスとセンティス，1982）。

　自己スキーマが他者に関する情報処理を規定するのであれば，他者との相互作用にも影響すると予想されます。これについては，フォングとマーカス（1982）が，これから会うことになる知らない人物にどのような質問をしたいかを尋ねるという実験を行っています。それによれば，外向型としての自己スキーマをもつ者は外向的なことがらについての質問を多く選び，内向―外向の次元での自己スキーマをもたない者はその次元では中性的な質問を選ぶ傾向がみられました。ここからわかるのは，他者を見る際にも，自己スキーマに適合するような情報を探し出そうとするということです。

　カーペンター（1988）は，キャリア志向についての自己スキーマと対人認知の関係を検討しています。そこでは，ある架空の人物像を呈示した後で，その人物に関する情報を思い出させたところ，キャリア志向の自己スキーマをもつ者は，そのような自己スキーマをもたない者よりも，その人物に関するキャリア志向的な情報をよく思い出しました。この結果も，自己スキーマに沿って他者に関する情報処理をしていることを示唆するものといえます。

　こうしてみると，かかわりをもっている相手が実際には外向的な行動や内向的な行動を同じ程度に示しているとしても，内向的という自己スキーマをもつ者はその人物の内向的特徴についての情報を多く見出し，外向的という自己スキーマをもつ者はその人物の外向的特徴についての情報を多く見出す傾向があると考えられます（表9-6）。

10

パーソナリティの
病理と健康

パーソナリティの異常

10.1.1　シュナイダーの精神病質 10 タイプ

　シュナイダー（1943）は，平均から著しく偏ったパーソナリティを精神病質と呼び，それを 10 個のタイプに類型化しています。そのうち 4 つは主として本人自身が悩むタイプ，あとの 6 つは主として周囲の人を悩ますタイプといえます（表 10-1）。ここではシュナイダーの 10 個の類型をわかりやすく解説しましょう（表 10-2）。

1.　本人自身が悩むタイプ

①**気分易変タイプ**……わけもなく不機嫌になったり，イライラしたりするタイプ。気分の悪さを本人ももて余すことになりますが，周囲の人も，どうしたら機嫌がよくなるかと気をつかったりして疲れてしまいます。

②**自信欠如タイプ**……小心で傷つきやすく，他人の目を過度に気にするタイプ。自信がないために，ちょっとしたことで大きく動揺したり，傷ついたり，人からどう思われているかを過度に気にせずにいられません。

③**抑うつタイプ**……ものの見方が悲観的で，いつも暗い気分に支配されているタイプ。ふつうなら軽く受け流すようなことであっても，自分を脅かす重大事のように思えたり，取り返しのつかない大失敗に思えたりして，沈み込んでしまいます。

④**無力タイプ**……身体症状にこだわったり，神経症的な症状をたえず訴えたりするタイプ。ふつうの人なら気にならないようなちょっとした心身の変調が気になってしまい，不安が先に立って何ごとに対しても前向きになれません。

2.　周囲の人を悩ませるタイプ

⑤**意志欠如タイプ**……意志が極端に弱く，何をしても長続きしないタイプ。ちょっと困難にぶち当たると，すぐに投げ出してしまうため，今度こそは頑張るからと言うので期待しても，その期待は必ずと言ってよいほど裏切られます。

⑥**発揚タイプ**……基本的に明るく活発なのですが，抑制力に欠けるため，何かにつけて興奮しやすいタイプ。生き生きした面もありますが，感情の起伏が激しく，喜怒哀楽を率直にあらわすため，情緒的に不安定になりがちです。

表 10-1　シュナイダーの精神病質 2 分類

本人自身が悩む 4 つのタイプ
　①気分易変タイプ
　②自信欠如タイプ
　③抑うつタイプ
　④無力タイプ

周囲の人を悩ませる 6 つのタイプ
　⑤意志欠如タイプ
　⑥発揚タイプ
　⑦自己顕示タイプ
　⑧爆発タイプ
　⑨情性欠如タイプ
　⑩狂信タイプ

---

⑦**自己顕示タイプ**……目立ちたがりで，何かと話が大げさで，自慢話が多く，見栄を張り，自分の有能さをひけらかすために平気で嘘をついたりするタイプ。自分より目立っている人がいると妬み，その人をこき下ろさずにいられません。

⑧**爆発タイプ**……ちょっとしたことで興奮しやすく，衝動的な言動に走りやすいタイプ。何か気に入らないことがあると，すぐにキレて暴言を吐いたり，時に暴力を振るったりということにもなりかねません。

⑨**情性欠如タイプ**……同情したり気づかったりといった人間的な情の温かさがなく，人と気持ちの交流がもてないタイプ。相手の気持ちに対する共感性に欠けるため，人の心の痛みがわからず，残酷なことも平気でしてしまいます。

⑩**狂信タイプ**……何らかの観念に取り憑かれるとブレーキがかからず突っ走るタイプ。自分が被害にあったと思うと何ら客観的な根拠がなくても相手を徹底的に追及しまくります。狂信状態の中で本人が充実感のようなものを感じていたりするため，目を覚まさせるのは容易ではありません。

10.1.2　パーソナリティ障害

　パーソナリティ障害とは，個人に特徴的で一貫性のある認知，感情，行動のあり方が大きく偏り固定化したために非適応的になっている状態のことをいいます（大野，1998）。いわば，パーソナリティが著しく偏っていることを指します。シュナイダーの精神病質の分類に非常に似ている面もありますが，パーソナリティ障害は DSM（アメリカ精神医学会による精神疾患の診断・統計マニュアル）による分類で，改訂されながら広く使われています（最新版としては，2013 年に第 5 版が刊行され，日本語訳が 2014 年に刊行されています）。DSM-5 では，その人の属する文化から期待されるものより著しく偏った内的体験および行動の持続的様式が，認知，感情性，対人関係機能，衝動の制御の4 領域のうち 2 領域以上にみられるとき，パーソナリティ障害とみなすとしています。

　そして，パーソナリティ障害を 10 タイプに分け，それを奇妙で風変わりなところに特徴のあるクラスター A，感情的な混乱や衝動性に特徴のあるクラスター B，不安の強さや自信のなさに特徴のあるクラスター C という 3 つのク

表 10-2　シュナイダーの精神病質 10 タイプ

精神病質とは→平均から著しく偏ったパーソナリティ

①**気分易変タイプ**……わけもなく不機嫌になったり，イライラしたりする。

②**自信欠如タイプ**……小心で傷つきやすく，他人の目を過度に気にする。

③**抑うつタイプ**……ものの見方が悲観的で，いつも暗い気分に支配されている。

④**無力タイプ**……身体症状にこだわったり，神経症的な症状をたえず訴えたりする。

⑤**意志欠如タイプ**……意志が極端に弱く，何をしても長続きしない。

⑥**発揚タイプ**……基本的に明るく活発だが，抑制力に欠けるため，何かにつけて興奮しやすい。

⑦**自己顕示タイプ**……目立ちたがりで，話が大げさで，自慢話が多く，見栄を張り，有能さをひけらかす。

⑧**爆発タイプ**……ちょっとしたことで興奮しやすく，衝動的な言動に走りやすい。

⑨**情性欠如タイプ**……同情したり気づかったりといった人間的な情の温かさが欠けており，人と気持ちの交流がもてない。

⑩**狂信タイプ**……何らかの観念に取り憑かれるとブレーキがかからず突っ走る。

ラスターにくくっています（表10-3）。

　奇妙で風変わりなところに特徴のあるクラスターAには，猜疑心が強く他人の好意さえ不当に疑い，侮辱されたと勝手に思い込んでは攻撃的になる妄想性パーソナリティ障害（猜疑性パーソナリティ障害），感情が平板でよそよそしく，人と温かい心の交流ができないスキゾイドパーソナリティ障害（シゾイドパーソナリティ障害），奇妙な空想や思い込みにとらわれたり，奇異な行動を示したり，ふつうでない知覚体験をもつなどして，対人関係に著しい困難を示す統合失調型パーソナリティ障害の3つが含まれます。

　感情的な混乱や衝動性に特徴のあるクラスターBには，無責任で仕事を安定して続けられず，良心が欠如し人を平気で傷つけ，衝動的で暴力を振るいやすい反社会性パーソナリティ障害，衝動的で感情の起伏が激しく，親しくなると過度な依存や要求を示し，相手を勝手に理想化しては裏切られたと批判するなど人間関係が長続きせず，アルコール依存・過食・無謀な運転・浪費など自己破壊的な行動が目立つ境界性パーソナリティ障害，目立ちたがりで人の注意を引くために大げさな演技的態度を示し，たいした内容でなくても印象的な話し方をしたり大げさな感情表現をしたりする演技性パーソナリティ障害，自分の才能や業績に関して誇大な感覚を抱き，自分は特別といった意識が強く，自分の利益のためには平気で人を利用し，限りない成功と賞賛を求める自己愛性パーソナリティ障害の4つが含まれます。

　不安の強さや自信のなさに特徴のあるクラスターCには，自信がなく，恥をかいたり人からばかにされるなど否定的な結果により自尊心が傷つくことを極度に恐れ，重要な仕事を引き受けたり人と深いかかわりをもつことを避ける回避性パーソナリティ障害，過度に依存的で自分自身で決断することができず，何かにつけて人に指示を求め，一人では不安で，置き去りにされる恐怖から身近な人にしがみつくような行動をとる依存性パーソナリティ障害，完全癖が強く，物事が予定通りに進んだり秩序立っていないと気が済まず，細かなことに過度にこだわり，頑固で融通がきかず，そのために何ごとも達成することができなくなったりする強迫性パーソナリティ障害が含まれます（表10-3）。

　このようなパーソナリティ障害には自己像の不安定さが伴いますが，いくつ

表 10-3　パーソナリティ障害の 10 タイプ

クラスター A：奇妙で風変わりなところに特徴がある。

妄想性パーソナリティ障害…………他人の動機を悪意のあるものと解釈すると
　　　　　　　　　　　　　　　　　いった，不信と疑い深さの様式。
スキゾイドパーソナリティ障害……社会的関係からの遊離および感情表現の範
　　　　　　　　　　　　　　　　　囲の限定の様式。
統合失調型パーソナリティ障害……親密な関係で急に不快になること，認知的
　　　　　　　　　　　　　　　　　または知覚的歪曲，および行動の奇妙さの
　　　　　　　　　　　　　　　　　様式。

クラスター B：感情的な混乱や衝動性に特徴がある。

反社会性パーソナリティ障害………他人の権利を無視しそれを侵害する様式。
境界性パーソナリティ障害…………対人関係，自己像，感情の不安定および著
　　　　　　　　　　　　　　　　　しい衝動性の様式。
演技性パーソナリティ障害…………過度な情動性と人の注意をひこうとする様
　　　　　　　　　　　　　　　　　式。
自己愛性パーソナリティ障害………誇大性，賞賛されたいという欲求，および
　　　　　　　　　　　　　　　　　共感の欠如の様式。

クラスター C：不安の強さや自信のなさに特徴がある。

回避性パーソナリティ障害…………社会的制止，不適切感，および否定的評価
　　　　　　　　　　　　　　　　　に対する過敏性の様式。
依存性パーソナリティ障害…………世話をされたいという全般的で過剰な欲求
　　　　　　　　　　　　　　　　　のために従属的でしがみつく行動をとる様
　　　　　　　　　　　　　　　　　式。
強迫性パーソナリティ障害…………秩序，完全主義，および統制にとらわれて
　　　　　　　　　　　　　　　　　いる様式。

かのタイプと自尊感情の低さとの関連が指摘されています（ワトソン，1998；リナムたち，2008）。

　また，パーソナリティ障害の診断基準には対人関係面における障害が多く含まれており，その形成要因として幼少期のアタッチメントが着目されています。実際に，ベンダーたち（2001）やブレナンとシェーバー（1998）は5つのパーソナリティ障害が不安定なアタッチメントと関連していることを見出しています。また，ミクリンサーとシェーバー（2012）は，不安定アタッチメントによる見捨てられ不安や親密性の回避がいくつかのパーソナリティ障害と関連していることを指摘しています。

10.2　適応と健康

10.2.1　適応の2つの側面

　適応には2つの側面があります。一つは，環境からの要求に合わせて個体の側が変化するという側面です。もう一つは，個体の側の欲求（内的な要求に対しては，欲求という用語を用いることが多い）の充足を目的として行動するといった側面です。前者を**外的適応**，後者を**内的適応**ということができます。この両者は，ともすると対立しがちで，外的適応のために個体の側の内的な欲求を抑えなければならない事態がしばしば生じます。マレー（1938）は，私たちがもつさまざまな内的欲求のリストを示しています（表10-4）。

　外的適応ばかりに偏りすぎると，周囲との関係はある程度は良好にいくかもしれませんが，欲求不満がしだいに募り，やがてストレス症状があらわれたり，抑えすぎた内的欲求に突き動かされて突如として反乱を起こすことになったりして，結局は外的適応にも支障をきたすということにもなりかねません。反対に，内的適応にばかり偏ると，一時的な心理的充足感は得られても，周囲とのあつれきが生じて社会的に安定した居場所が得られないため，結局は内面的な安定も脅かされることになります。したがって，適応においては，外的適応と内的適応のバランスをうまくとることが大切になります。

表 10-4　**内的欲求のリスト**（マレー，1938 をもとに作成）

欲求の名称	その目的とするところ	関連する性格特徴
支配	暗示，誘惑，説得，命令などにより人を支配する	専横，断定的，権威的
恭順	優越している人を賞賛，尊敬，支持し，その人に心から従う	崇拝的，従順，被暗示的
自律	強制や束縛に抵抗し，権威から離れて自由に行動する	自主的，独立的，わがまま，反抗的
攻撃	対象を恥ずかしめたり，罰したりする	闘争的，意地悪，破壊的
屈従	外力に受動的に服従し，非難，批判，罰を受け入れ，自分を罰する	温順，卑屈，無気力，臆病
成就	障害を克服して事を成し遂げ，自己を超克する	野心的，競争的，精力的
性	性的関係を形成し，促進すること	官性的，魅惑的
官性	感性的印象を求め，楽しむ	感覚的，敏感，美力
顕示	相手を驚かせ，魅惑し，おもしろがらせて，印象づける	演劇的，めだちたがり
遊戯	何の目的もなく，結果も期待せず，ただおもしろがって行動する	快活，遊び好き，はで，のんき
親和	気の合う人に近づき，友情や愛情を交換する	親切，情愛深い，気立てのよい
排除	劣等な対象を排斥したり，無関心になる	排他的，傲慢，差別的
求護	支持され，励まされ，助言され，導かれるよう保護者に寄り添う	依存的，頼りない，哀願的
養護	無力な者を援助し，慰め，保護する	同情的，母性的，慈善的
非難回避	非難されないよう自己愛的・非社会的行動を抑制する	抑制的，心配性，因襲的，和解的
屈辱回避	失敗を恐れ，嘲笑や冷淡な反応をかうような行動を避ける	神経過敏，内気，自意識的，臆病
防衛	批判，非難から逃れるため，悪事や失敗を隠したり，正当化する	自己防衛的，自己擁護的
中和	汚名を返上し，誇りを維持するため，再努力により失敗を埋め合わせる	不屈，頑固，大胆
傷害回避	苦痛，身体的障害，病気，死を避ける	臆病，用心深い，細心
秩序	物事を整頓し，組織化，平衡，整然さに達する	きちょうめん，正確，堅い
理解	経験を分析し，抽象し，概念的に整理し，一般化する	冷静，知的，論理的，思索好き

10.2.2　適応から健康へ

　不適応の徴候がみられない状態を適応あるいは健康とみなすという視点があります。どこか極端で特徴のある顔の似顔絵を描くのは比較的簡単ですが，何ら極端なところのない均整のとれた顔の似顔絵を描くのはとても難しいものです。適応とか健康に関しても同様です。バランスを崩して不適応に陥った人の事例は容易に思い浮かべることはできても，バランスのとれた理想的状態としての適応した人や何ら問題のない健康な人を具体的に思い浮かべるのはなかなか難しいものです。そこで，適応や健康に関して，不適応の徴候がないこと，不健康の徴候がないことのように，消極的な観点からとらえがちなのも，やむを得ないことといえます。

　適応や健康の基準として集団の平均を利用するとらえ方があります。平均からの逸脱のない状態が適応している，あるいは健康であると考えるのです。たとえば，感受性というパーソナリティ特性に関して，鈍感すぎるのも過敏すぎるのも問題で，平均並みが適応もしくは健康ということになります。しかし，あらゆる点において平均に近い人というのは，言ってみれば人並みということです。その意味で正常あるいは適応しているといえるとしても，取り立てて何の特徴もない凡庸さをあえて健康といってよいのかという問題があります。

　このように，問題となる症状を示さないといった基準や平均から逸脱していないといった基準は，健康の基準としては物足りないところがあります。うまく適応し，何の不安も葛藤もなく，何ら不適応的な症状を示さない状態は，適応の基準としては妥当かもしれませんが，健康の基準としては消極的すぎて，十分とは言いにくいところがあります。健康というからには，単に適応しているというだけでなく，もっと積極的に評価すべき点があることを条件に加えるべきではないでしょうか（表10-5）。とくに何か深刻な葛藤があったり，不適応気味だったりしなくても，何の緊張感もない安楽な状況，何もすべきことのない状況に置かれて，はたして生き生きとしていられるでしょうか。人が最も充実し，生きがいを感じるのは，むしろ張りつめた気持ちの中で精一杯頑張っているとき，苦しみつつも目標に一歩一歩近づきつつあることを実感しているときではないでしょうか（図10-1）。生き生きとした人というのは，心理的緊

表 10-5 **健康の基準**

---

①**不適応の徴候がみられない状態**

②**平均からの逸脱のない状態**
　不適応徴候がなく，平均的，というだけでは，あまりに消極的ではないだろうか？

もっと積極的な健康に目を向ける必要
　「充実感」や「心の張り」などを考慮すべき。

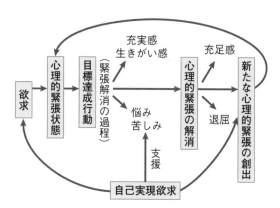

図 10-1 **健康なパーソナリティ** (榎本，2003)

張を解消するような適応的行動をとるだけでなく，適度な緊張を自らつくり出すことができる人であるはずです。

　そうしてみると，環境に対して適応的な行動をとることで安楽に暮らすというだけでは，精神的に健康とは言いがたいということになります。ここで浮上するのは，自己の成長を積極的に求め，自ら緊張状態をつくり出し，悩み苦しみつつ挑戦的に自己を高めていくのが健康の条件であるといった積極的な健康のとらえ方です。そのような観点から，榎本（1984）は，適応を取り上げることが多い心理学の現状に対して，積極的健康を取り上げるべきであるといった問題提起をしています（榎本，2010）。

10.3　健康なパーソナリティに関する諸理論

10.3.1　マズローの自己実現的人間

　マズロー（1954）は，自己の可能性を十分に実現している人間を自己実現的人間と呼び，健康なパーソナリティの極においています。そして，自己の才能や可能性を十分に開発し活かしていると考えられる伝記上の人物，現存の公的人物，大学生，身近な人などを検討した結果，自己実現的な人物の多くに共通にみられる特徴を抽出しています。それについては，第 5 章で解説しています（表 5-2 参照）。これをみると，マズローの考える自己実現的人間のもつ特徴がわかります。

10.3.2　オールポートによる成熟した人間

　オールポート（1961）は，さまざまなパーソナリティ理論を検討した結果，成熟した人間のパーソナリティの基準として，自己意識の拡大，他人との温かい関係，情緒的安定（自己受容），現実的知覚・技能と課題への没頭，自己客観視（洞察とユーモア），人生を統一する人生哲学の 6 つをあげています（表10-6）。

表 10-6　オールポートによる成熟した人間の基準
(オールポート，1961 より作成)

1. 自己意識の拡大

友人，恋人，趣味，職業など，自分自身の外に強い興味を発展させ，人間的活動の多くの領域にふれることによって，多くのものを自分の中に取り入れ，自己の境界を拡大していく。

2. 他人との温かい関係

親密な関係を保つことができるという意味での温かさと，陰口やおしつけがましさ，わがもの顔の関与を避け（超脱性），すべての人々に敬意を払い，理解を示す共感性という意味での温かさを共にもつ。

3. 情緒的安定（自己受容）

自分の情緒的衝動の流れをうまく制御できるバランス感覚と欲求不満耐性をもち，他人の確信や感情を考慮しつつ自己の確信や感情を表明することができ，自分自身や他人の情緒の表出に脅威を感じることもない。

4. 現実的知覚・技能と課題への没頭

欲求や空想に歪められることなく現実を正確に認知し，現実の問題を処することができる適度な能力を備えており，自分の仕事に没頭することができる。

5. 自己客観視（洞察とユーモア）

自分自身でイメージしている自己像と他人によってイメージされている自分の像とのずれが小さく，すなわち正確な自己認知をしており，また愛する自分自身を突き放して笑うだけの心のゆとりがある。

6. 人生を統一する人生哲学

人生の方向決定性，価値指向性，宗教的情操，一般的良心がうまく機能しており，何らかの形において人生に統一を与える人生哲学をもつ。

10.3.3　ロジャーズの十分に機能している人間

　ロジャーズ（1963）は，「人間の中に，ひとつの中心となるエネルギーの源泉があり，それは人間のある一部分の機能というよりはむしろ有機体全体の機能であると考えるべきであり，その傾向は，有機体の充足や実現や維持や強化に向かう傾向である」と言います。つまり，人間には自身を強化し，自律性を発達させ，外部の圧力による統制からの解放を目指す方向へと全能力を動員しようという実現傾向が内在しているというのです。

　カウンセリングも，個々のクライエントの中に自分のもつ潜在的なものの実現を目指す傾向があるからこそ成立するのです。ロジャーズのパーソナリティ論は，カウンセリングの実践の中で体系化されたものであるため，健康なパーソナリティに関しても，その静的な像を記述するのではなく，より健康なパーソナリティへの変化の過程について検討しています。

　カウンセラーによって受容されていると感じているクライエントは，機能が固着し，構造が硬化している状態から，より開放性，流動性，変易性のある方向へと変化していきます。つまり，停滞した状態から自己実現の方向へと踏み出すことができます。ウォーカーたち（1960）は，この変化のプロセスを過程連続線の図式として示しています（表10-7）。無条件に受容される関係の中で，人は左側の防衛的で混乱し葛藤をはらんだ極から，右側の柔軟に統合され経験に対して開かれた極の方向に変化していきます。

　経験に対して開かれている人間は，たえず変化しつつある「過程の中の人間」であり，よりいっそうの自己実現へと向かう過程にあります。ロジャーズは，このような人間を「十分に機能している人間」と呼んでいます。十分に機能している人間は，あらゆる自分の感情や反応の一つひとつをありのままに生きることができます。

10.3.4　フランクルの「意味への意志」

　フランクル（1969）は，人間は自分の生の意味を求める存在であるといいます。そして，人は未来に有意味な目標をもつことによって，今ここでの自分の生の意味を充足していくことができるというのです。

表 10-7　**一般的過程連続線の図式**（ウォーカーたち，1960）

（簡潔に示すために，一般的過程の連続線上の低，中，高の段階についてのみ，各ストランドの顕著な特性を示した。本来の研究では，7 段階に区別されている。）

ストランズ (strands)	過程の段階		
	低（Ⅰ～Ⅱ）	中（Ⅲ～Ⅴ）	高（Ⅵ～Ⅶ）
感情と個人的意味づけ (Feelings and personal meanings)	認められない　　　　表出されない	自分のものであるという感じ(ownership) が増大する　表出が増大する	流れのなかに生きる　　　　十分に体験される
体験過程 (Experiencing)	体験過程から遠く離れている　意識されない	遠隔感が減少する　　意識が増大する	体験する過程のなかに生きる　重要な照合体として用いられる
不一致 (Incongruence)	認識されない	認識が増大する　直接的体験過程が増大する	一時的にだけある
自己の伝達 (Communication of self)	欠けている	自己の伝達が増大する	豊かな自己意識が望むままに伝達される
体験の解釈 (Construing of experience)	構成概念が硬い　構成概念が事実としてみられる	硬さが減少する　自分自身が作るものという認識が増大する	一時的な構成概念　意味づけが柔軟で，体験過程に照合して検討される
問題に対する関係 (Relationship to problems)	認識されない　　　　変えようとする要求がない	責任をとることが増大する　　変化することをこわがる	問題を外部的対象物として見なくなる　問題のある側面のなかに生きている
関係のしかた (Manner of relating)	親密な関係は危険なものとして避けられる	危険だという感じが減少する	瞬時的体験過程に基づいて開放的に，自由に関係をもつ

　意味を追求し続けることで，肉体的にも精神的にもある程度の緊張がもたらされますが，そのような緊張は，肉体的および精神的健康にとって必要なものと考えられます。人生に意味を与えてくれるような目標に向かって歩み続けることは，絶え間ない努力と忍耐を必要としますが，その苦悩の重圧に耐えて自分の価値観に沿った人生を切り開いていくことが健康につながるというわけです。

　そのような緊張から逃げて，安易な見せかけの安らぎに甘んじるのは，不健康なあり方とみなします。それゆえに，フランクル（1951）にとって，心理療法の課題は「人間をその病気から外へ引き出すこと」であるよりも「その人のありのままの事実へと導くこと」であり，「患者が自分の実存の意味を見出して，自分自身に」立ち返ることができるように，場合によっては「患者をおどして，彼の形而上学的軽率から追い出」し，「少なくとも一時的に緊張が高まり，苦しみに満ちた体験が生じるという危険に向けて駆り立てなければならない」（フランクル，1951）のです。意味を求める存在である私たち人間は，緊張から逃げ出さずに苦悩することのできる存在でもあるというのがフランクルの見解です。

　フランクルの**意味への意志**という概念は，日々の生活を意味で満たしたいという意味への志向を指しますが，そのような意味を志向する心理傾向に関するフランクルの記述をもとに，榎本（2010）は，意味志向性尺度を作成しています。それについては第 5 章で紹介していますが，意味を志向する心理傾向をあらわすと考えられる 12 の要素を設定しています（第 5 章の表 5-4 参照）。

10.3.5　健康なパーソナリティの条件

　これら諸理論を検討することで，榎本（2000）は，健康なパーソナリティの条件として，両極性，複雑性，柔軟性，開放性，志向性の 5 つをあげています（表 10-8）。

①**両極性**……パーソナリティ構造は相対立する性質の拮抗としてとらえることができ，それら両方の性質を十分に発達させるには，それらがバラバラにならないように大きな振幅を許容しつつ，なおかつバランスをとっていけるような

表10-8　**健康なパーソナリティの条件**（榎本，2000）

①**両極性**……相対立する性質が共存できるように，大きな振幅を許容しつつバランスをとっていけるような強靭な柔軟性を備えていること。

②**複雑性**……認知的複雑性が高く，物事を多面的に把握することができること。

③**柔軟性**……物事を柔軟に認知し，それをもとに柔軟な行動がとれること。

④**開放性**……防衛的にならずに，あらゆる経験に対して開かれていること。

⑤**志向性**……遠大な目標に向けて苦悩しつつも努力を続け，充実を感じ生き生きしていること。

強靱な柔軟性を備えている必要があります。相対立する性質の共存を支えることができないような脆くて硬いパーソナリティ構造は，一面的な生き方しか許容できず，何かのときに破綻しやすいといえます。

②**複雑性**……自己概念の複雑性の高さがストレスとなる出来事に対する緩衝材としての機能を果たすように，認知的複雑性が高く，物事を多面的に把握することができるパーソナリティのほうが，認知的複雑性が低く，物事を極端に単純化しがちなパーソナリティよりも，物事にいちいち動揺しない安定感があり健康といえます。

③**柔軟性**……両極性や複雑性と密な関係にありますが，物事を柔軟に認知し，それをもとに柔軟な行動がとれることも，パーソナリティの健康性の条件といえます。自己の多面性を適切に生きるには，さまざまな自己の側面を区別しながらも組織する統合力が必要であり，それを支えるのが状況に応じて適切な自己の側面を働かせる柔軟性です。

④**開放性**……防衛的にならずに，あらゆる経験に対して開かれている状態，どんな経験をもありのままに意識化できる柔軟な自己概念が保たれている状態は，ロジャーズも重視したように健康の一つの重要な条件といえます。このような開放性は，柔軟性とも関係しており，プロセスに生きることを可能にするものでもあります。

⑤**志向性**……パーソナリティには，緊張低減をその原理とするホメオスタシス理論では説明しきれないところがあり，それこそが人間にとって最も重要と言えます。成長動機に基づいて，遠大な目標に向けて自己の諸側面の統合性が保たれ，充実を感じ生き生きしている状態，苦悩しつつもその瞬間瞬間の生を意味あるものにしようと努力し続けている状態。つまり張り合いのある状態が健康といえます。

11

文化と
パーソナリティ

11.1 文化類型論，文化とパーソナリティ研究

11.1.1 文化類型論

　パーソナリティ形成における文化・社会的要因には，親による直接的しつけだけでなく，文化（社会）のもつ風俗習慣・宗教・価値観など，さまざまなものが考えられます。1920年代の後半になると，アメリカの文化人類学はフロイトの精神分析学の影響のもとに大きな転回点を迎えました。そこで盛んになったのが，異なる文化・社会に属する人間を比較することによって，パーソナリティ形成に影響する文化・社会的要因を明らかにするという研究方法です。

1. ベネディクトの「文化の型」

　文化人類学者ベネディクトは，ディルタイの世界観の類型の影響のもと，文化を型に類型化することを試みました。その際に用いられたのが，哲学者ニーチェの提唱したアポロ型・ディオニュソス型という2つの型です。**アポロ型**というのは，穏やかで誠実で競争心が乏しく，中庸を生活原理とするもので，**ディオニュソス型**というのは，競争心が強く闘争的で，富や権力を得ることによる優越を最高の徳とするものです（表11-1）。

　ベネディクト（1934）は，アメリカのインディアンやメラネシアの島民の実地調査に基づいて，北米のズニ・インディアンやプエブロ・インディアンをアポロ型の典型，北米の平原インディアン，クワキウトル・インディアンやメラネシアのドヴ族をディオニュソス型の典型としました。

2. ミードの「男性と女性」

①青年期の危機

　サピアやベネディクトといった先駆者に続く本格的な研究は，文化人類学者ミードに始まるといってよいでしょう。ミード（1930）は，ポリネシアのサモア島の調査に基づき，**青年期の危機**というものが身体的・生理的変化に伴って必然的にやってくるものではなく，文化的・社会的に規定されたものだということを発見しました。サモアの社会では，子どもは大家族の中で育てられるため，特定の人物に対する愛着がなく，性に関しても開放的であり，性の目覚めによる衝撃もありません。また，大人としての生き方に関する価値観が単一で

表 11-1　ニーチェによる文化の類型化

アポロ型……穏やかで誠実で競争心が乏しく，中庸を生活原理とするもの。
ディオニュソス型……競争心が強く闘争的で，富や権力を得ることによる優越を最高の徳とするもの。

あるため，進路選択で悩むこともありません。こうした事情により，子どもから大人への移行が連続的に円滑に行われるため，青年期の葛藤がないのです。

②男性的パーソナリティ，女性的パーソナリティ

　さらにミード（1949）は，ニューギニアの3部族の調査に基づいて，文化の違いを越えて普遍的なものと考えられていた**男性的パーソナリティ**とか**女性的パーソナリティ**が，じつはけっして先天的なものではなく育児様式の違いにより後天的につくられたものであることを見出しました。調査した3つの部族が，それぞれ対照的な育児様式とパーソナリティをもっていたのです。つまり，アラペシュ族では，男女ともに過保護に育てられ，人を攻撃しないようにしつけられるため，男女ともおとなしく協調的という，いわゆる女性的パーソナリティを身につけていました。これに対して，首狩りが盛んなムンドゥグモール族では，男女ともに勇猛性を理想として育てられるため，男女とも勇敢で闘争的という，いわゆる男性的パーソナリティを身につけていました。チャンブリ族に至っては，男は家で手芸細工をやり，女が漁業に携わり経済的実権を握っているところから，男は依存的で繊細で傷つきやすく，女は積極的でたくましいという，いわゆる男女を反対にしたパーソナリティがみられたのです。

　男性的パーソナリティや女性的パーソナリティがまったく後天的なものであるとする点に関しては批判も多く，後にミード自身も先天的要因を認めているものの，この調査結果は女性解放運動の拠り所となりました。

11.1.2　文化とパーソナリティ研究

　ベネディクトやミードの研究をきっかけとして，育児様式とパーソナリティ形成の関係を探る研究が，1930年代になって盛んに行われるようになりました。これらを総括して，**文化とパーソナリティ研究**といいます。

1.　カーディナーの制度と基本的パーソナリティ

　カーディナーの理論の中心となるのは制度という概念です（表11-2）。カーディナーは，諸制度の集合体を文化と考えますが，制度を一次的制度と二次的制度に分けています。また，パーソナリティも，一定の社会の成員に共通にみられる**基本的パーソナリティ**と，遺伝などにより個人によって異なる**個人的**

表 11-2　カーディナーの制度と基本的パーソナリティ

制度

　一次的制度……授乳様式，排泄訓練などの直接的な育児行動や，家族構成
　　　　　　　　　など，育児に影響するもの。
　二次的制度……タブー，宗教，儀式，民話，思考様式など基本的パーソナ
　　　　　　　　　リティの投影によってつくられる。

パーソナリティ

　基本的パーソナリティ……一定の社会の成員に共通にみられるもの。
　　　　　　　　　　　　　　一次的制度が基本的パーソナリティをつくる。
　　　　　　　　　　　　　　基本的パーソナリティは生涯を通じて変わらな
　　　　　　　　　　　　　　い。
　個人的パーソナリティ……遺伝などにより個人によって異なるもの。

パーソナリティに分けています。

一次的制度とは，授乳様式，排泄訓練などの直接的な育児行動や，家族構成など育児に影響するものです。一次的制度が基本的パーソナリティをつくるとしますが，カーディナーはこの基本的パーソナリティは生涯を通じて変わらないと考えました。二次的制度とは，タブー，宗教，儀式，民話，思考様式などを指し，カーディナーはこれらは基本的パーソナリティの投影によってつくられると考えました。

カーディナーの理論は，あまりにも図式的すぎる点，基本的パーソナリティが乳幼児期に決定されそのまま固定されるとする点，偶然の影響を考慮していない点などが批判されています（祖父江，1976）。

2.　フロムの社会的パーソナリティ

カーディナーを批判し，社会学的立場からパーソナリティ形成について論じたのがフロムです。フロム（1941）は，乳幼児期ばかりでなく生涯にわたってパーソナリティが形成されていくと考えました。また，カーディナーが直接的な育児様式によってパーソナリティがつくられると考えたのに対して，フロムは，それぞれの社会ごとに要求されるパーソナリティの型があり，子どもは直接・間接に要求されているパーソナリティの型を知り，身につけていくとします。

そこで重要となるのが社会的パーソナリティという概念です。社会的パーソナリティの形成には，政治，経済，宗教などさまざまな社会的制度が関与しますが，人はこれらの社会的条件に適応しているうちに，社会の側からの要請によってやらされていることを，あたかも自らが欲してそうしているかのように思い込まされていきます（表11-3）。

フロムはさらに，近代資本主義社会の巨大な経済機構の中で歯車の一つに成り下がってしまった近代人の社会的パーソナリティについて論じています。ますます巨大資本に支配される方向に突き進んでいる現在，フロムの考察は示唆に富むものといえます。

フロムの理論は，さまざまな社会的制度がパーソナリティ形成に及ぼす影響力を考慮に入れている点においてカーディナーの理論の欠点を補っているとい

表 11-3　フロムの社会的パーソナリティ

社会的パーソナリティ

　①1つの集団の大部分の成員がもっているパーソナリティ構造の本質的な
　　中核。
　②その集団に共通な基本的経験と生活様式の結果として発達したもの。

**社会的パーソナリティの形成には，政治，経済，宗教などさまざまな社会的
制度が関与**

　　人はこれらの社会的条件に適応しているうちに，社会の側からの要請に
　よってやらされていることを，あたかも自らが欲してそうしているかのよ
　うに思い込まされていく。

えますが，社会的制度に対する人間の側からの作用についての考察が欠けているように思われます。

3. リントンの基本的パーソナリティ型

　人類学者の立場からカーディナーの説を修正し，フロムと同じく社会からの要求に基づくパーソナリティ形成を論じているのがリントンです（表11-4）。リントン（1945）の説において中心的位置を占めるのは，**基本的パーソナリティ型**という概念です。リントンは，人は社会からの要求性に基づいて，その社会の成員によって共有されている基本的パーソナリティ型を身につけていくと考えます。ただし，フロムと違ってその形成過程を2つに分けます。一つは，「子どもに対する，他の諸個人の，文化型に従った行動から生ずる」ものであり，乳幼児期の育児行動を中心としてなされるパーソナリティ形成の側面です。もう一つは，「その個人が属している社会に特徴的な行動型を観察すること，あるいはそれに従うように訓練されること」による生涯を通じてのパーソナリティ形成です。前者はカーディナー的な見方，後者はフロム的な見方といえます。

　リントンは，フロムの考え方を推し進めて，**身分的パーソナリティ**というものを提唱しています。これは，各人が社会の中で占める一定の身分に従って与えられた役割を効果的に果たすために必要な行動の型のことです。

　さらにリントンは，「文化は，特異な個人に対しては，その人の気に合わないような行動形式を強いて課するであろうが，その社会のメンバーの大半がその行動を嫌った場合には，文化が譲歩しなければならない」として，人間の（パーソナリティの）側からの文化への働きかけをも考慮に入れています。

4. モーダル・パーソナリティ

　以上のような基本的パーソナリティの探求に対して，心理テストなどを駆使してその文化に広くみられるパーソナリティを統計的につかもうとするモーダル・パーソナリティ研究が出てきました。モーダル・パーソナリティ研究は，心理テストや生活史調査など心理学的方法を用いて，ある社会・文化に属する人々のデータを積み上げていきます。その意味で，こじつけ的な解釈になりにくいといった長所がある反面，どうしてそのようなパーソナリティが広く共有

表 11-4　リントンの基本的パーソナリティ型と身分的パーソナリティ

基本的パーソナリティ型……社会からの要求性に基づいて，その社会の成員
　　　　　　　　　　　　によって共有されているパーソナリティの型。

　その形成過程には 2 つの側面がある。
　　①子どもに対する，他の諸個人の，文化型に従った行動から生ずるもの。
　　　乳幼児期の育児行動を中心としてなされるパーソナリティ形成の側面。

　　②その個人が属している社会に特徴的な行動型を観察すること，あるい
　　　はそれに従うように訓練されることによる生涯を通じてのパーソナリ
　　　ティ形成。

身分的パーソナリティ……各人が社会の中で占める一定の身分に従って与え
　　　　　　　　　　　　られた役割を効果的に果たすために必要な行動の
　　　　　　　　　　　　型のこと。

されているのかに関する歴史的・文化的な説明がなく，表面的な特徴の羅列で無味乾燥なものになりやすいといった短所があります（野村，1979）。**基本的パーソナリティとモーダル・パーソナリティの特徴を整理すると表11-5のようになります。**

11.2 　心理人類学

11.2.1　文化とパーソナリティ研究から心理人類学へ

　文化とパーソナリティ研究が1950年代になって大きく衰退した理由の一つに，拠り所としていたフロイトの精神分析学による説明にこじつけ的なところがあると批判を浴びるようになったことがあります。しかし，一番問題となったのは，パーソナリティ形成と文化の関係を総合的にとらえること自体の困難さでした。そうした流れの中，1950年代の後半から，研究の焦点はつぎのような諸問題に移行していきました（祖父江，1980）。

①パーソナリティ全体ではなく，態度とか情緒など，パーソナリティの部分についての研究。

②文化変容における心理的適応・不適応などの心理的問題についての研究。

③精神異常，精神衛生などに関連する問題の研究。

④宗教，俗信，その他さまざまな文化現象に関する心理学的研究。

　それに伴い，文化とパーソナリティという名称に代わって，心理人類学という名称が用いられるようになってきました。

11.2.2　シューの心理人類学

　心理人類学という新たな名称を提唱したのは，文化人類学者シューです。社会文化体系を対象とする社会人類学が社会組織や制度を構造的・機能的に分析するのに対して，人間の心理社会的側面を問題とする心理人類学は，社会構造ばかりでなくその内容に注目します。社会学的立場からは構造ばかりが注目され，人間の心理レベルは軽視されていたため，同じ構造であってもそこに含まれる心理文化的な属性が異なるということは無視されていました。しかし，そ

表 11-5　**モーダル・パーソナリティと基本的パーソナリティの比較**
（野村，1979）

モーダル・パーソナリティ	基本的パーソナリティ
①統計的概念 ②心理学的資料より帰納された方法 ③変異（個人差）を認める ④文化的資料はパーソナリティ資料とは切離される ⑤実証的方法（テスト，自伝など） ⑥度数（frequency）を問題とする ⑦得られた結果は基本的に分類的構造（taxonomic structure）を構成する	非統計的概念 文化的資料（ethnographic data）より演繹された方法（cultural deductive principle） 同一文化の下での同一影響の仮定 文化的資料とパーソナリティ資料の混同（小宇宙的比喩論 microcosmic metapher） 解釈的方法（ことに精神分析的解釈） パターンの重要性を強調する（中心構造 core structure の仮定） 仮説ながら，文化とパーソナリティの力動的構造（dynamic structure）を考察しようとする

こに注目することで，文化を独立変数としてみる方向だけでなく，文化の生成にかかわるものとしての人間の心理的側面をも考慮に入れることができます。

　シュー（1961）は，一例として欧米の夫婦中心の家族と中国の拡大家族における育児様式の違いをあげています。前者では，直接育児に携わるのはもっぱら母親であり，他の身内はどちらかというと傍観者的立場にあります。これに対して後者では，身内の者それぞれがあたかもわが子に接するかのように育児に協力します。まさにこのような育児様式の中に，それぞれの親族内容（親族構造の違いに対応する）があらわれているとみなします。すなわち，その内容というのは，西欧の自己依拠であり，中国の相互依存です（星野，1980）。

　そして，シューは，西欧的なパーソナリティの概念に対して，東洋的な「人（JEN）」という概念を提唱しています。図11-1は，人間の生活空間を同心円状に図式化したものです。中心部の⑦は無意識界，⑥は前意識界を示し，フロイトの精神分析学においては最も重視される部分です。⑤はうまく言葉で言いあらわすことができない，したがって人に伝えにくい意識界で，④は伝達可能な意識界です。以上の個人内部に属するもののすぐ外側の③は，身近な社会と文化の層であり，親密な関係にある人々，民族固有の慣習や器具，個人的なペットやコレクションなど，有用性より情緒性によって結びついているものを含みます。さらにその外側の②は，操作的な社会や文化の層であり，機能的な役割関係にある相手，法規やあいさつの作法，機械の動かし方，日常的用品などを含みます。さらに，①は自分が属する全体社会の人々，知識や理念，神や事物からなり，⓪は他の社会の人間や慣習・文物などからなります。そして，シューによれば，いわゆる西欧的なパーソナリティが⑦〜④の層からなるのに対して，東洋的な「人」は④と③を中心とし，⑤と②を部分的に含む領域（図の横線部分）からなります。

　このようなシューの考え方は，西欧的な個人主義に対応した**個人モデル**に対して，東洋的な間人主義に依拠した**間人モデル**ということができます（浜口，1980）。

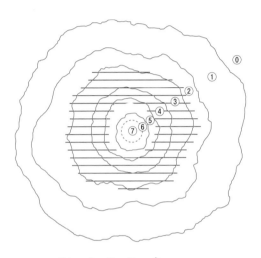

⑦無　意　識　界
⑥前　意　識　界
⑤表現されない意識界　　　「パーソナリティ」
④表現可能な意識界
③身近な社会と文化　　　　「人（JEN）」
②操作的な社会と文化
①遠隔の社会と文化
⓪外　部　世　界

図 11-1　シューによる人間の心理社会図（浜口，1980）

11.3　日本人のパーソナリティ

11.3.1　他者志向性と文化的自己観

　人の意向や期待を気にする日本的な心のあり方に関しては，他人の意向を気にするのは主体性がない，自分がないなどと批判されることがあります。しかし，それは欧米的な人間観に基づいた発想にすぎないのではないでしょうか（榎本，2017）。

　東（1994）は，日本人の他者志向を未熟とみなすのは欧米流であり，他者との絆を強化し，他者との絆を自分の中に取り込んでいくのも，一つの発達の方向性とみなすべきではないかとしています。

　このような欧米と日本の自己の発達の方向の違いを考える際に参考になるのが，マーカスと北山（1991）による文化的自己観です。**文化的自己観**とは，個々の文化において歴史的に生み出され，そこに属する成員に暗黙のうちに共有されている自己観，つまり人間とはこういうものだという通念のことです。マーカスと北山は，アメリカをはじめとする西欧文化，とくに北米中流階級に典型的にみられる**独立的自己観**と，日本をはじめとする東洋文化に典型的にみられる**相互依存的**（相互協調的）**自己観**を対比しています（図11-2）。独立的自己観によれば，個人の自己は，他者や状況といった社会的文脈から切り離され，その影響を受けない独立した存在とみなされます。したがって，自己は，能力，才能，パーソナリティ，動機など個人のもつ属性によって定義されます。それに対して，相互依存的自己観によれば，個人の自己は，他者や状況といった社会的文脈と強く結びついており，その影響を強く受けるとみなされます。したがって，自己は，他者との関係性や状況の中で定義されます（表11-6）。

　欧米の多くの研究は，成功したときに自分の能力のせいにする**自己高揚バイアス**がみられ，また失敗したときは運や課題の難しさのせいにする**自己防衛バイアス**がみられるとしていますが，日本では真逆になります。日本人を対象とした研究では，欧米でみられる自己高揚的傾向や自己防衛的傾向はほぼみられず，むしろ自己批判的傾向が顕著にみられます（北山，1998）。つまり，成功の原因としては，課題の容易さ，調子，運といった要因が圧倒的に多くあげら

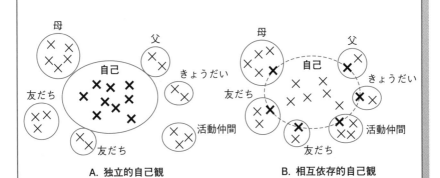

A. 独立的自己観   B. 相互依存的自己観

図 11-2   独立的自己観と相互依存的自己観（マーカスと北山，1991）

表 11-6   独立的自己観と相互依存的自己観の比較
（マーカスと北山，1991 を簡略化）

	独立的自己観	相互依存的自己観
定義	社会的文脈から分離している	社会的文脈と結びついている
構造	境界が明確，単一，安定	柔軟，変化しやすい
重要な特徴	内的，指摘	外的，公的（地位，役割，関係性）
課題	個性的であること 自己を表現すること 内的属性を理解すること 自分の目標を追求すること 思うことを率直に言うこと	所属し，適応すること 適所を得ること 適切な活動に従事すること 他者の目標達成を助けること 他者の気持ちを読んでものを言うこと
自尊感情の基盤	自己表現能力，内的属性への自信	適応能力，自己抑制，周囲との調和

れ，失敗の原因としては自分の努力（不足）をあげる傾向が強くみられます。たとえば山内（1988）は，一連の課題に取り組ませた後，自分の成績が他の参加者たちの成績よりよいというフィードバックを受ける場合と悪いというフィードバックを受ける場合を設定しました。その際，自他の成績の原因を何のせいにするかをみると，自分の成功と他者の失敗は運や状況のせいにし，自分の失敗と他者の成功は能力や努力のせいにするというように，自己批判的・他者高揚的傾向を示しました。これには謙遜を美徳とする日本的な美学が関係していると考えられます。似たような手法を用いた欧米の研究では，まったく逆のパターンを示しています（スナイダーたち，1976など）。宮本（1985）は，児童を対象に，算数の成績がよかったときと悪かったときの原因帰属の仕方を日米で比較しています。その結果，アメリカの児童は失敗より成功を自分の能力や努力のせいにするという自己高揚的・防衛的傾向を非常に強く示したのに対して，日本の児童ではそのような傾向はまったくみられず，成功も失敗も努力のせいにする傾向がみられました。

11.3.2　間柄の文化

　榎本（2012）は，日本的な自己のあり方やコミュニケーションのあり方をめぐる考察をもとに，日本社会を**状況依存社会**と定義づけ，その特徴を分析しています（コラム 11-1）。

　心理学の立場から日本語論を展開している芳賀（2007）は，日常場面にありがちな事例を用いて，日本人の言語表現の微妙なニュアンスを描写しています（コラム 11-2）。芳賀は，年齢・性別・親疎など，いくつもの条件を考え合わせたあげく，使う語句を決定しかねると，こんな結果になり，どの語句を選んでも照れ臭さが絡んで口に出せないという心理の微妙さこそ，日本人の対人行動を描くのに欠かせないとしています。

　まさに，そこに日本語とそれを用いる日本人の心の微妙な繊細さがあります。この例でもわかるように，ちょっと声をかけるにも言葉づかいをめぐってあれこれ悩まなければならないほど，私たち日本人は常に相手がどう受け止めるか，相手の気持ちを思いやりながら行動しているのです。

コラム11-1　状況依存社会日本におけるコミュニケーション

「日本には『状況依存社会』とも言うべき性質が根づいているのである。確固たる自己があって，自己を主張していくというのではなく，相手との間柄によって，調和的な自分の出方を決めるのである。相手との間柄や相手の出方といった『変数』を放り込まないかぎり，自分の出方を算出する方程式が立てられない。

（中略）状況依存社会とは，状況から独立して存在する一貫した原理原則が行動を規定するのではなく，具体的な状況に応じてそれにふさわしい行動が決まってくる社会のことである。

状況依存的な自己の出し方は，敬語や自称詞・対称詞といった言葉遣いにも，端的にあらわれている。言語表現の多様なニュアンスが日本語の特徴とも言われるが，私たちは，相手との関係がわからないと，どんな言葉を使えばよいかが決まらないため，初対面の人との会話には非常に気を遣う。

年齢関係，地位関係，役割関係，親密さなどによって，適切な言葉やしゃべり方が異なってくる。相手との間柄がはっきりしないかぎり，言葉遣いを決めることさえできないため，どうにも話しにくい。」　（榎本博明『「すみません」の国』日経プレミアシリーズ）

コラム11-2　ちょっと声をかけるにも気をつかってしまう心理

「バスの中で，旅行者らしい中年女性と土地の人らしい青年が並んで掛けていた。考え事でもしていたのか，女性は乗り過ごしそうになり，気づくやあわてて降りようとした。その背中へ，後に残った青年がちょっとためらいながら声をかけた。

『アノ，これ，違うんですか？』

女性は席にカバンを一つ置き忘れて降りようとしたのだった。——青年の発話に，相手の呼称も，代名詞も，出現していないのがおもしろい。『小母さん！』とも『あなた！』とも呼べず，『アノ，』となった。そして『小母さんのカバン』でも『あなたのカバン』でも落ち着かない。『これ』ですますことにした。英語なら your bag と言うのに何の迷いもあるはずがない。」

（芳賀　綏『日本語の社会心理』人間の科学社）

　木村（1972）は，相手がだれであっても「you」ですんでしまう英語に対して，徹底した自己中心主義であると指摘しています。相手がだれであるかは無視され，二人称代名詞で呼ばれる相手は，自己にとっての相手に過ぎず，相手に即した相手その人ではありません。自分の目の前にいる他者から，その一切の個別性を奪って，それが自己に対立する相手であるという，自己本位の契機だけを抽象したものが，西洋の二人称代名詞であるというのです。

　榎本（1987）は，自称詞が「I」だけですむ英語と違って，日本語では相手との関係性によって適切な自称詞が決まってくることを例示し，日本文化においてはだれといようと一定不変な自己などなく，具体的な場面設定によって，その場にふさわしい自己が形をとってくるといった心理メカニズムの存在を指摘しています。相手との関係性を考慮し，相手の気持ちまで思いやらないと言葉づかいも決められない日本語と，相手がだれであれ一定の言葉づかいですませられる欧米の言語の違いには，その言語を用いる人の心が映し出されているはずです（表11-7）。

　このように自己のあり方もコミュニケーションのあり方も他者との関係性に大いに依存しているところに日本的な人間関係の特徴があるといえます。そこで筆者は，欧米の文化を**自己中心の文化**，日本の文化を**間柄の文化**と名づけて対比させています（榎本，2016，2017；表11-8）。

　自己中心の文化というのは，自分が思うことを何でも主張すればよい，ある事柄を持ち出すかどうか，ある行動をとるかどうかは自分の意見を基準に判断すればよい，とする文化のことです。常に自分自身の気持ちや意見に従って判断することになります。欧米の文化は，まさに「自己中心の文化」といえます。そのような文化のもとで自己形成してきた欧米人の自己は，個として独立しており，他者から切り離されています。

　一方，「間柄の文化」というのは，一方的な自己主張で人を困らせたり嫌な思いにさせたりしてはいけない，ある事柄を持ち出すかどうか，ある行動をとるかどうかは相手の気持ちや立場を配慮して判断すべき，とする文化のことです。常に相手の気持ちや立場を配慮しながら判断することになります。日本の文化は，まさに「間柄の文化」といえます。そのような文化のもとで自己形成

表 11-7　間柄によって言葉づかいが決まる

自分を指す代名詞	私	僕	オレ	
相手を指す代名詞	あなた	君	おたく	○○さん

表 11-8　「自己中心の文化」と「間柄の文化」(榎本, 2016)

自己中心の文化……自分が思うことを思う存分主張すればよい，ある事柄を
　　　　　　　　　持ち出すかどうか，ある行動をとるかどうかは自分の意
　　　　　　　　　見を基準に判断すればよい，とする文化。

間 柄 の 文 化……一方的な自己主張で人を困らせたり嫌な思いにさせたり
　　　　　　　　　してはいけない，ある事柄を持ち出すかどうか，ある行
　　　　　　　　　動をとるかどうかは相手の気持ちや立場を配慮して判断
　　　　　　　　　すべき，とする文化。

してきた日本人の自己は，何ごとに関しても自分だけを基準とするのではなく
他者の気持ちや立場を配慮して判断するのであり，個として閉じておらず，他
者に対して開かれています。そのような日本的な自己のあり方に対して，主体
性がないなどと批判的なことを言う人がいますが，それは自己中心の文化の価
値基準を絶対化する見方といってよいでしょう。

12

パーソナリティの
把握

12.1　パーソナリティを知るためのさまざまな方法

　パーソナリティを知るための方法には，観察法，面接法，検査法などさまざまなものがあり，目的によって使い分けが行われています（図12-1）。

　就活中の学生がパーソナリティを知りたいというとき，多くの場合は自分のパーソナリティを知りたいということで，主に質問紙法という検査法が用いられます。企業の側が就職を希望する学生のパーソナリティを知りたいとき，あるいは従業員のパーソナリティを知りたいときも，主として質問紙法が用いられます。ただし，何らかの問題を抱える従業員のパーソナリティを探りたいときなどは，面接法を用いることもあります。

　心理的な問題を抱える人物に対するカウンセリングなどでは，面接の中で投影法という検査法がしばしば用いられます。もちろん質問紙法を用いることもあります。

　幼児のパーソナリティを知りたいときなどは，面接で言葉のやりとりをしたり，質問紙法を実施したりするのが難しいため，遊び場面を観察するといった形で観察法が用いられるのが一般的です。

　ここではパーソナリティをつかむためによく使われる検査法について解説することにします。パーソナリティ検査は，質問紙法，投影法，作業検査法に大別できます。最もよく使われているのは質問紙法です。

12.2　質問紙法

12.2.1　質問紙法とは

　質問紙法によるパーソナリティ検査は，特性論に基づいてつくられています。オールポート（1961）は，パーソナリティを記述する言葉（主として形容詞）は1万8,000語にものぼるとしていますが，類似したものをひとまとめにすることで，数を絞ることができます。そのようにして抽出されたものをパーソナリティ特性といいます。その際，因子分析という統計手法が用いられます。

　質問紙法は，一連の質問項目からなる質問紙を与え，それぞれの項目が自分

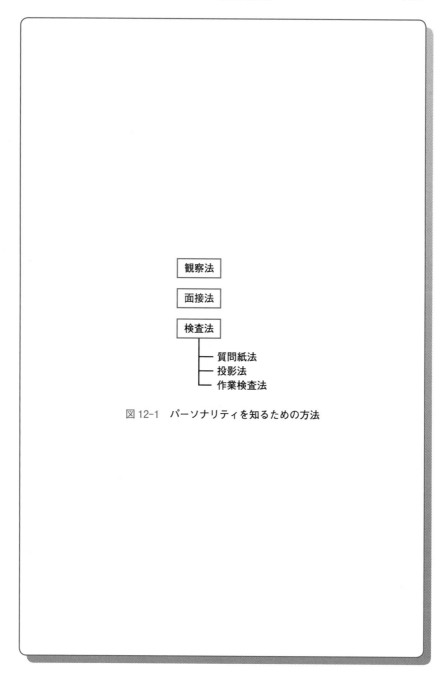

図 12-1 パーソナリティを知るための方法

に当てはまるかどうかを自己評定させるものです。「はい」「いいえ」「どちらともいえない」の3つの選択肢から選ばせたり，「当てはまる」「やや当てはまる」「どちらともいえない」「あまり当てはまらない」「当てはまらない」の5つの選択肢から選ばせたりするのが一般的ですが，2項目ずつが対になっていて，どちらがより自分に当てはまるかを答えさせる一対比較法を用いるものもあります。たとえば，「何ごとも人に頼らず自分自身で判断して決めるほうだ」「何か決断する際には人に相談してアドバイスをもらわないと不安になる」といった2つの文のうちどちらが自分により当てはまるかを選ばせます。

12.2.2　質問紙法の長所と短所

　質問紙法には，実施も採点も簡単にできるという長所があります（表12-1）。質問紙を配付する形で，一気に大勢の人に検査を実施することができます。採点にも熟練や特別な知識を必要としないので，だれでも機械的に採点できます。マニュアルに従って採点すれば，だれが採点してもまったく同じ結果になります。さらに，回答を数量化して統計処理ができ，集団の平均と比べてパーソナリティのどの特性の得点が高くどの特性の得点が低いといった比較ができ，それをプロフィールであらわすこともできます。

　ただし，質問紙法には，パーソナリティのとらえ方が浅くなる可能性や回答に歪みがある可能性を排除できないという短所があります（表12-1）。本人が自分自身を振り返りつつ回答するものであるため，本人が意識していることしか測ることができません。本人に自己観察力や内省力が欠ける場合，結果はあまり信用できません。また，だれにも自己防衛的な心理があるため，回答する際に自己防衛的な歪みが生じる可能性があります。さらに，質問文の意味のとらえ方が人によって異なるため，同じく「はい」とか「当てはまる」と回答しても，その意味するところは微妙に違っているはずです。たとえば，ある行動特徴をあらわす項目に「やや当てはまる」と答えた人のほうが，「当てはまる」と答えた人よりも，その行動特徴が強くみられるということも起こってきます。

表 12-1　**質問紙法の長所と短所**

長所	実施が簡単。 採点も簡単。 　熟練も知識もいらず，だれでも機械的にできる。 　だれが採点してもまったく同じ結果になる。 質問紙を配付する形で，一気に大勢の人に検査を実施できる。 統計処理ができる。
短所	パーソナリティのとらえ方が浅くなりがち。 回答に歪みが出やすい（自己防衛的な歪みなど）。 本人が意識していることしか測れない。 本人に自己観察力や内省力が欠ける場合，結果はあまり信用できない。 質問文の意味のとらえ方が人によって異なる。

12.2.3　代表的な質問紙法によるパーソナリティ検査

1.　YG（矢田部ギルフォード）性格検査

　ギルフォードが開発したパーソナリティ検査をもとに矢田部たちが作成した，12個のパーソナリティ特性を測定する項目群からなるパーソナリティ検査です。さまざまな状況下における行動や気持ちに関する記述文に対して，それらが自分に当てはまるかどうかを「はい」「いいえ」「どちらともいえない」の3択で答えさせるものです。

　以下の12個のパーソナリティ特性を測定する12の尺度で構成されています。

①抑うつ性……陰気，悲観的で罪悪感の強い傾向。

②回帰性……気分の変化が大きく，動揺しやすい傾向。

③劣等感……自信に欠け，不適応感の強い傾向。

④神経質……心配性で過敏な傾向。

⑤客観性欠如……空想的で主観的な傾向。

⑥協調的欠如……不満が多く，人を信用しない傾向。

⑦攻撃性……社会的活動性が高く，攻撃的な傾向。

⑧一般的活動性……てきぱきとしていて，活動的な傾向。

⑨のんきさ……気軽で衝動的な傾向。

⑩思考的外向性……物事を深く考える内省的な傾向の反対。

⑪支配性……人の先頭に立つ指導的傾向。

⑫社会的外向性……人と接するのが好きな社交的傾向。

　さらに，この12因子の得点をもとに情緒安定積極型（D型），情緒安定消極型（C型），情緒不安定積極型（B型），情緒不安定消極型（E型），平均型（A型）の5つに類型化することができます（表12-2）。

　このパーソナリティ検査は，手軽に個人のパーソナリティのプロフィールをつかむことができ，また5つに類型化できて直観的にわかりやすいといった利点があるため，日本では最も広く用いられています。

2.　MMPI（ミネソタ式多面的パーソナリティ目録）

　ハザウェイとマッキンレイによって開発されたパーソナリティ検査で，「はい」「いいえ」「どちらともいえない」の3件法をとっています。この検査は，

表 12-2　**YG の 12 因子をもとにした 5 類型**
（日本心理技術研究所，1991 を一部省略・修正）

	情緒性	社会適応性	向性	一般的特徴
A 型	平均	平均	平均	目立たない平均的なタイプで主導性は弱い。
B 型	不安定	不適応	外向	不安定積極型。対人関係の面で問題を起こしやすい。
C 型	安定	適応	内向	安定消極型。平穏だが受動的で，リーダーとして他人を引っ張っていく力は弱い。
D 型	安定	適応または平均	外向	安定積極型。対人関係で問題を起こすことが少なく，積極的なため，仕事でも私生活でもリーダーに向いている。
E 型	不安定	不適応または平均	内向	不安定消極型。引っ込み思案で積極性に欠けるが，内面は趣味や教養で充実していることが多い。

もともとは精神障害の診断のために開発されたものであるため，正常者のパーソナリティ測定だけでなく，異常傾向の診断が可能であるといった特徴があり，質問紙法の中では最もよく臨床で用いられています。質問項目を多くしてあらゆる生活場面に多面的に対応することで信頼性を高めていますが，550 項目と項目数があまりに多すぎることが短所ともいえます。

　また，正常群といくつかの精神疾患群の間に統計的な差のみられた項目を選択するという経験的な方法で作成されているため，理論的に作成されたパーソナリティ検査と違って，本人が意識的にせよ無意識的にせよほんとうのことを答えたかどうかという解決不可能な問題を気にしなくてもよいといった特徴もあります。たとえば，ヒステリー患者の多くが「はい」と答え，正常者の多くが「いいえ」と答える項目からヒステリー性の尺度を構成すれば，その回答が真実であるかどうかという問題抜きに，それらの項目に対してヒステリー患者がそのように答える傾向があるということ自体が意味をもってくるわけです。

　このようにしてつくられたのが 10 個の臨床尺度です（表 12-3）。このうちの性度尺度と社会的向性尺度の 2 つは，精神障害とはほとんど関連がありませんが，正常範囲の人のパーソナリティの測定に役立つものとして組み込まれています。

　この他に妥当性尺度として，疑問得点（「どちらともいえない＝わからない」の数で，これが多すぎると検査の妥当性が疑問視されます），虚構得点（ほんとうのことを答えた場合はめったに「はい」と答えないような，あまりに理想的すぎる項目の得点），妥当性得点（教示や質問項目の理解不足や検査への非協力的態度をとらえるためのもの），K 得点（心理的弱点に対する防衛的態度をとらえるための項目の得点）の 4 つがあります。

3.　日本版 NEO-FFI

　パーソナリティを把握するための特性の数があまりに多いことから，最小限の特性に絞ろうという動きの中で出てきたのがビッグ・ファイブモデル（特性 5 因子説）です（第 2 章参照）。

　コスタとマックレー（1985）が開発した，ビッグ・ファイブモデルに基づくパーソナリティ検査 NEO-PI-R の日本版（下仲たち，1999）は 240 項目から

表 12-3　MMPI の 10 個の臨床尺度

---

①心気症尺度
②抑うつ性尺度
③ヒステリー性尺度
④精神病質的偏倚性尺度
⑤性度尺度
⑥偏執性尺度
⑦精神衰弱性尺度
⑧精神分裂性尺度
⑨軽躁性尺度
⑩社会的向性尺度

表 12-4　NEO-FFI の 5 つの尺度の下位次元

---

①**神経症傾向**：不安，敵意，抑うつ，自意識，衝動性，傷つきやすさ

②**外向性**：温かさ，群居性，断行性，活動性，刺激希求性，よい感情

③**開放性**：空想，審美性，感情，行為，アイデア，価値

④**調和性**：信頼，実直さ，利他性，応諾，慎み深さ，やさしさ

⑤**誠実性**：コンピテンス，秩序，良心性，達成追求，自己鍛錬，慎重さ

なりますが，それを短縮したのが NEO-FFI（下仲たち，1999）です。これは，以下の5つの因子を測定する各12項目，計60項目で構成されています。各因子に含まれる要素は表12-4の通りです。

12.3　投 影 法

12.3.1　投影法とは

　投影法とは，何を意味するかがあいまいで多義性をもつ刺激（図版など）に対する自由な反応から，その内的な動機やパーソナリティをつかもうとする検査法のことです。空に浮かぶ雲を眺めていると，海や島に見えたり，身近な動物に見えたりすることがあると思いますが，それも雲というはっきりと形をつかみにくいあいまいな刺激を用いた投影法のようなものといえます。人はそれぞれ独自の主観的世界を生きています。その主観的世界を構成している欲求や態度が，あいまいな刺激の受け止め方にあらわれる，というのが投影法が依拠する仮説です。

12.3.2　投影法の長所と短所

　投影法は，刺激が多義的であったり，未完成であったりするため，どのようにでも解釈することができ，回答の仕方も自由であるため，かなり個性的な回答が出やすくなります。そこにパーソナリティの深層があらわれやすいため，個人にとってとくに重要な側面に焦点を当てることができます。また，何を測定しているかの見当がつきやすい質問紙法の場合と違って，回答の歪みが生じにくく，本人が意識しないところで内面が開示されやすくなります。このように，投影法には，パーソナリティの深層に迫りやすいといった長所や回答の歪みが生じにくいといった長所があります（表12-5）。

　こうした長所がある反面，回答の自由度が非常に高いため，その解釈を単純にパターン化することができず，質問紙法のように機械的に処理できないという短所があります（表12-5）。結果の解釈は主観に負うところが大きく，熟練を要します（図12-2）。また，回答をもとにパーソナリティの深層に迫るため

表 12-5　　投影法の長所と短所

長所	個性的な回答を引き出しやすい。 　個人にとってとくに重要な側面に焦点を当てることができる。 パーソナリティの深層に迫りやすい。 回答の歪みが生じにくい。
短所	結果を機械的に処理できない。 結果の解釈に熟練を要する。 結果の解釈の際に個別対応が必要になる。

には，回答のもつ意味について本人に説明を求める必要もあり，質問紙法のように多数を相手に簡単に実施するというわけにもいかず，個別面接をするのが一般的です。

12.3.3　代表的な投影法によるパーソナリティ検査

1.　ロールシャッハテスト

　ロールシャッハテストは精神科医ロールシャッハが考案したもので，投影法の中で最も広く用いられており，とくに心理臨床の場で力を発揮しています。いろいろな形をした，とくに何をあらわしたということのない，左右対称のインクのしみからなる一連の図版を見せ，それぞれ何に見えるかを自由に答えさせるというものです。紙の上にインクを垂らして中央で2つに折り，開いたときに偶然出来上がる，左右対称の図版が刺激として用いられます（図12-3）。

　各図版について回答した後で，各図版のどこに着目してそう答えたのか，なぜそう見えたのか，見たものはより正確には何なのか，などといった質問をすることによって，反応のもつ意味を詳しく探っていきます。

　さらに，得られた反応に関して，全体反応か部分反応か，運動反応か静止反応か，色彩反応か形態反応か，人間反応か動物反応か無生物反応か，平凡反応か独創反応か，反応数，反応時間などの観点から分析します。そうすることによって，その人固有の知覚の仕方を探り，その主観的世界の特徴，すなわちパーソナリティや心的葛藤をとらえようとします。

2.　TAT（主題統覚検査）

　TAT（主題統覚検査）はマレーたちによって考案されたもので，ロールシャッハテストとともに投影法によるパーソナリティ検査を代表するものといえます。ただならぬ状況，といっても何が起こっているのかよくわからないあいまいな状況下に置かれた人物を描いた一連の図版を見せ，1枚ごとに空想的な物語をつくらせるというものです。本人は想像力テストのつもりで空想的な物語をつくっていきますが，その物語に心の内面が反映されるというわけです。

　ロールシャッハテストのインクのしみ同様，刺激の意味があいまいなため，どんな物語をつくることも可能であり，そこに心の深層にある欲求やさまざま

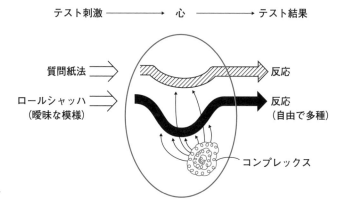

図12-2 **質問紙法と投影法のイメージ**（山中・山下，1988；桑原，2004 より）

図12-3 **ロールシャッハテストの模擬例**（山中・山下，1988；桑原，2004 より）

な思いが反映されるというのが TAT の原理です。回答として物語をつくらせる際，それがどのような場面でその人物は何を考え感じているのか（現在），どういう事情でそうなったのか（過去），この先どのような展開になるか（未来）といった内容を含むように物語をつくらせます。このようにしてつくられた物語をもとに，意識的あるいは無意識的な欲求や感情，葛藤について，人間関係を軸に分析していきます（図 12-4）。

3. 文章完成法検査（SCT）

連想検査の一種として開発されたのが**文章完成法検査（SCT）**です。未完成の文を心理検査に最初に持ち込んだのはエビングハウスでしたが，それは知能の測定のためのものでした。その後，パーソナリティをとらえるためのさまざまな文章完成法検査が開発されてきました。

文章完成法検査とは，文の出だしのみからなる未完成の文を刺激として呈示し，その続きを書くことで文を完成させるというものです（表 12-6）。どんな文にしようと自由なため，本人が最も気になっていることや心の深層にうごめいている思いが完成文に投影されやすいというのが文章完成法検査の原理です。

12.4　作業検査法

12.4.1　作業検査法とは

作業検査法とは，言語的側面はできるだけ排除した一定の作業をやらせ，その経過や成績に反映されるパーソナリティや知的能力を診断するものです。パーソナリティの診断においては，作業量そのものよりも，時間の経過に伴う作業量の変化に注目します。結果の解釈は，質問紙法よりは主観が入りやすいものの，投影法よりははるかに客観的な基準に基づいて行えます。

12.4.2　代表的な作業検査法によるパーソナリティ検査

1. 内田・クレペリン精神作業検査

代表的な作業検査法に**内田・クレペリン精神作業検査**があります。これは，精神病理学者クレペリンが考案した連続加算作業によるパーソナリティ診断法

図 12-4 **TAT の模擬例**

表 12-6 **文章完成法検査の例**

　以下のような文の出だしを受けて，その続きを記入することで 1 つの
文を完成させる。

　　　　・私はよく人から
　　　　・私が嫌いなのは
　　　　・子どもの頃私は
　　　　・私が羨ましいのは
　　　　・どうしても私は
　　　　・ときどき私は
　　　　・私の父
　　　　・私の母
　　　　・私が思い出すのは
　　　　・私を不安にするのは

にヒントを得て，内田勇三郎が作成したパーソナリティ検査法です。

　無作為に並べられた 1 桁の数字の列があり，隣り合う 2 つの数字を加算する作業を 15 分間（15 列）やらせ，5 分間の休憩の後でさらに 15 分（15 列，10 分 10 列の場合も）やらせます。

　結果をもとに，1 分ごとの作業量から作業曲線を描き，そこに初頭努力，慣れの効果，疲労効果，休憩効果，終末努力，動揺率などを読み取ることで，パーソナリティの特徴をとらえようとします。この検査は，個人のパーソナリティを詳しく知るには適しませんが，大勢の中から異常傾向のある人物を抽出するのには有効といえます。

　一般には，はじめのうちは頑張っており，徐々に疲れが出て作業量が低下し，最後だと思うと作業量が増加する，また休憩をすると作業量が回復する，といった傾向を示します。これを**定型曲線者**といいますが，ふつうでない曲線を描くのが**非定型曲線者**です。

引 用 文 献

第 1 章

Allport, G. W.（1937）．*Personality: A psychological interpretation*. New York: Holt.

（オールポート，G. W. 詫摩 武俊・青木 孝悦・近藤 由紀子・堀 正（訳）（1982）．パーソナリティ――心理学的解釈―― 新曜社）

榎本 博明（1993）．自己概念の場面依存性に関する研究 日本社会心理学会第 34 回大会発表論文集，230-231.

Mischel, W.（1968）．*Personality and assessment*. Wiley.

（ミッシェル，W. 詫摩 武俊（監訳）（1992）．パーソナリティの理論――状況主義的アプローチ―― 誠信書房）

Mischel, W., & Peake, P. K.（1982）．Beyond deja vu in the search for cross-situational consistency. *Psychological Review, 89,* 730-755.

Mischel, W., & Shoda, Y.（1995）．A cognitive-affective system theory of personality: Reconceptualizing situations, dispositions, dynamics, and invariance in personality structure. *Psychological Review, 102,* 246-268.

Ross, L., & Nisbett, R. E.（1991）．*The person and the situation: Perspectives of social psychology*. McGraw-Hill.

Shoda, Y., & Leetiernan, S.（2002）．What remains invariant?: Finding order within a person's thoughts, feelings, and behaviors across situations. In D. Cervone, & W. Mischel（Eds.）, *Advances in personality science*（pp.241-270）．Guilford Press.

Theophrastus（B.C.4C=1923）．*Theophrasti characteres*. Lipsiae et Berolini in Aedibus B. G. Teubneri.

（テオプラストス 森 進一（訳）（1982）．人さまざま 岩波書店）

Wundt, W.（1874）．*Grundzüge der Physiologischen Psychologie*. Leipzig: Verlag von Wilhelm Engelmann.

第 2 章

Allport, G. W.（1931）．What is a trait of personality? *Journal of Abnormal and Social Psychology, 25,* 368-372.

Allport, G. W.（1937）．*Personality: A psychological interpretation*. New York: Holt.

（オールポート，G. W. 詫摩 武俊・青木 孝悦・近藤 由紀子・堀 正（訳）（1982）．パーソナリティ――心理学的解釈―― 新曜社）

安藤 明人・曽我 祥子・山崎 勝之・島井 哲志・嶋田 洋徳・宇津木 成介・大芦 治・坂井 明子（1999）．日本版 Buss-Perry 攻撃性質問紙（BAQ）の作成と妥当性，信頼性の検討 心理学研究，*70,* 384-392.

ブリッグス，C. G.・マイヤーズ，I. B.・園田 由紀・瀧本 孝雄（2000）．日本版 MBTI
　　Form G　金子書房

Buss, A. H.（1986）. *Social behavior and personality.* New Jersey: Lawrence Erlbaum Associates.
　　（バス，A. H. 大渕 憲一（監訳）（1991）．対人行動とパーソナリティ　北大路書房）

Buss, A. H., & Perry, M.（1992）. The aggression questionnaire. *Journal of Personality and
　　Social Psychology, 63,* 452-459.

Cattell, R. B.（1945）. Principal trait clusters for describing personality. *Psychological Bulletin,
　　42,* 129-161.

Cattell, R. B.（1950）. *Personality: A systematic, theoretical, and factual study.* New York:
　　McGraw-Hill.

Connor, K. M., Kobak, K.A., Churchill, L. E., Katzelnick, D., & Davidson, J. R.（2001）. Mini-
　　SPIN: A brief screening assessment for generalized social anxiety disorder. *Depression and
　　Anxiety, 14,* 137-140.

Costa, P. T., & McCrae, R. R.（1992）. *NEO-PI-R professional manual: Revised NEO Personality
　　and NEO Five-Factor Inventory (NEO-FFI).* Odessa, FC: Psychological Assessment
　　Resources.

Davis, M. H.（1980）. A multidimensional approach to individual differences in empathy.
　　Journal Supplement Abstract Service Catalog of Selected Documents in Psychology, 10, 85.

Davis, M. H.（1983）. Measuring individual differences in empathy: Evidence for a
　　multidimensional approach. *Journal of Personality and Social Psychology, 44,* 113-126.

榎本 博明（1987）．青年期（大学生）における自己開示性とその性差について　心理学研究，
　　58, 91-97.

榎本 博明（1997）．自己開示の心理学的研究　北大路書房

Eysenck, H. J.（1953）. *The structure of human personality.* New York: Wiley.

Eysenck, H. J., & Wilson, G.（1975）. *Know your own personality.* Pelican Books.

Freud, S.（1933）. *Neue Folge der Vorlesungen zur Einführung in die Psychoanalyse.*
　　（フロイト，S. 懸田 克躬・高橋 義孝（訳）（1971）．精神分析入門（続）フロイト著作
　　集第1巻　人文書院　所収）

Goldberg, L. R.（1990）. An alternative "description of personality" : The Big-Five factor
　　structure. *Journal of Personality and Social Psychology, 59,* 1216-1229.

Jung, C. G.（1916=1948）. *Über die psychologie des Unbewussten.* Zürich.
　　（ユング，C. G. 高橋 義孝（訳）（1977）．無意識の心理　人文書院）

Jung, C. G.（1921）. *Allgemeine Beshreibung der Typen.*
　　（ユング，C. G. 吉村 博次（訳）（1974）．心理学的類型　懸田 克躬（編）世界の名著
　　続14　中央公論社）

Jung, C. G.（1935=1968）. *Über Grundlagen der Analytischen Psychologie.* London: Routledge &
　　Kegan Paul.
　　（ユング，C. G. 小川 捷之（訳）（1976）．分析心理学　みすず書房）

葉山 大地・植村 みゆき・萩原 俊彦・大内 晶子・及川 千都子・鈴木 高志・倉住 友恵・櫻井 茂男 (2008). 共感性プロセス尺度作成の試み 筑波大学心理学研究, *36*, 39-48.

菊池 章夫 (1988). 思いやりを科学する——向社会的行動の心理とスキル—— 川島書店

Kretschmer, E. (1921=1955). *Körperbau und Charakter.*

（クレッチメル, E. 相場 均（訳）(1960). 体格と性格——体質の問題および気質の学説によせる研究—— 文光堂）

Mischel, W. (1968). *Personality and assessment.* Wiley.

（ミッシェル, W. 詫摩 武俊（監訳）(1992). パーソナリティの理論——状況主義的アプローチ—— 誠信書房）

三好 昭子・大野 久 (2011). 人格特性的自己効力感研究の動向と漸成発達理論導入の試み 心理学研究, *81*, 631-645.

Myers, I. B., & Briggs, K. C. (1998). *The Myers-Briggs Type Indicator form M.* Palo Alto, CA: Consulting Psychologist Press.

大渕 憲一・山入端 津由・藤原 則隆 (1999). 機能的攻撃性尺度 (FAS) 作成の試み——暴力犯罪・非行との関連—— 犯罪心理学研究, *37*, 1-14.

櫻井 茂男 (1988). 大学生における共感と援助行動の関係——多次元共感測定尺度を用いて—— 奈良教育大学紀要（人文・社会科学）, *37*, 149-154.

櫻井 茂男・葉山 大地・鈴木 高志・倉住 友恵・萩原 俊彦・鈴木 みゆき…及川 千都子 (2011). 他者のポジティブ感情への共感的感情反応と向社会的行動, 攻撃行動との関係 心理学研究, *82*, 123-131.

佐藤 淳一 (2003). Jung の心理学的タイプスケール作成の試み（Ⅱ） 日本パーソナリティ心理学会第 12 回大会発表論文集, 92-93.

佐藤 淳一 (2005). Jung の心理学的タイプ測定尺度 (JPTS) の作成 心理学研究, *76*, 203-210.

佐藤 淳一 (2009). 共感性と感情機能について——Jung のタイプ論による検討—— 日本心理学会第 73 回大会発表論文集, 69.

佐藤 淳一 (2018). タイプ論の感情機能と共感イメージ反応の受容性 パーソナリティ研究, *27*, 149-151.

Seides, M. S. (1989). The relationship between personality type and cognitive and emotional empathy. *Dissertation Abstracts International*, *50*, 1656B.

嶋田 美和・遊間 義一 (2018). 家庭裁判所係属少年における機能的攻撃性尺度の妥当性の再検討 心理学研究, *89*, 71-81.

Singer, J., Loomis, M., Kirthart, L., & Kirthart, E. (1996). *The Singer-Loomis Type Development Inventory, Version 4.1.* Gresham, OR: Moving Boundaries.

Spranger, E. (1921). *Lebensformen: Geisteswissenschaftliche Psychologie und Ethik der Persönlichkeit.* Tübingen: Max Niemeyer Verlag.

（シュプランガー, E. 伊勢田 耀子（訳）(1961). 文化と性格の諸類型 明治図書）

登張 真稲 (2003). 青年期の共感性の発達——多次元的視点による検討—— 発達心理学研

究. *14*. 136-148.

Tupes, E. C., & Christal, R. E.（1961）. Recurrent personality factors based on trait ratings. *USAF ASD Technical Report*, 61-67.

Wheelwright, J. B., Wheelwright, J. H., & Gray, H.（1964）. *Jungian Type Survey: The Gray-Wheelwright test*（16th revision）. CA: Society of Jungian Analysis of Northern California.

第3章

Freud, A.（1936）. *Das Ich und die Abwehrmechanismen.*
　　（フロイト, A. 外林 大作（訳）（1985）. 自我と防衛　第2版　誠信書房）

Freud, S.（1923）. *Das Ich und das Es.*
　　（フロイト, S. 小此木 啓吾（訳）（1970）. 自我とエス　井村 恒郎・小此木 啓吾他（訳）フロイト著作集第6巻　人文書院　所収）

Freud, S.（1926）. *Hemmung, Symptom und Angst.*
　　（フロイト, S. 井村 恒郎（訳）（1970）. 制止, 症状, 不安　井村 恒郎・小此木 啓吾他（訳）フロイト著作集第6巻　人文書院　所収）

Freud, S.（1925）（1946）. *Selbstdarstellung.* London: Imago Publishing.
　　（フロイト, S. 生松 敬三（訳）（1975）. 自叙・精神分析　みすず書房）

Jaffé, A.（1963）. *Memories, dreams, reflections by C. G. Jung.* Recorded and edited by Aniela Jaffé. Pantheon Books.
　　（ヤッフェ, A.（編）河合 隼雄・藤縄 昭・出井 淑子（訳）（1972）. ユング自伝1——思い出・夢・思想——　みすず書房）

Jung, C. G.（1916=1948）. *Über die psychologie des Unbewussten.* Zürich.
　　（ユング, C. G. 高橋 義孝（訳）（1977）. 無意識の心理　人文書院）

Jung, C. G.（1935=1968）. *Über Grundlagen der Analytischen Psychologie.* London: Routledge & Kegan Paul.
　　（ユング, C. G. 小川 捷之（訳）（1976）. 分析心理学　みすず書房）

Jung, C. G.（1939）. *Bewußtsein, Unbewußtes und Individuation.*
　　（ユング, C. G. 秋山 さと子・野村 美紀子（訳）（1980）. 意識　無意識　個性化　秋山 さと子（編）ユングの人間論　所収　思索社）

Jung, C. G.（1948）. *Über psychische Energetic und das Wesen der Traum.*
　　（ユング, C. G. 秋山 さと子・野村 美紀子（訳）（1980）. 夢の心理学　秋山 さと子（編）ユングの人間論　所収　思索社）

Jung, C. G.（1950）. *Zur Empirie des Individuationprozeßes.*
　　（ユング, C. G. 秋山 さと子・野村 美紀子（訳）（1980）. 個性化過程の経験　秋山 さと子（編）ユングの人間論　所収　思索社）

Jung, C. G.（1951）. *Untersuchungen zur Symbolgeschichte.* Zürich.
　　（ユング, C. G. 秋山 さと子・野村 美紀子（訳）（1980）. 第1部　自我, 影, シュジュギュイ, アニマ・アニムス, 自己　秋山 さと子（編）ユングの人間論　所収　思索社）

Jung, C. G. (Ed.) (1964). *Man and his symbols*. Aldus Books.

（ユング, C. G.（編）河合 隼雄（監訳）(1975). 人間と象徴——無意識の世界——（下）河出書房新社

河合 隼雄 (1967). ユング心理学入門　培風館

第 4 章

Anderson, C. A., & Bushman, B. J. (2001). Effects of violent video games on aggressive behavior, aggressive cognition, aggressive affect, physiological arousal, and prosocial behavior: A meta-analytic review of the scientific literature. *Psychological Science, 12*, 353-359.

Bandura, A. (1971). *Social learning theory*. General Learning Press.

（バンデューラ, A. 原野 広太郎・福島 脩美（訳）(1974). 人間行動の形成と自己制御——新しい社会的学習理論——　金子書房）

Bushman, B. J. (1995). Moderating role of trait aggressiveness in the effects of violent media on aggression. *Journal of Personality and Social Psychology, 69*, 950-960.

Crandall, V. C., Katkovsky, W., & Crandall, V. J. (1965). Children's beliefs in their own control of reinforcements in intellectual-academic achievement situations. *Child Development, 36*, 91-109.

Drabman, R. S., & Thomas, M. H. (1974). Does media violence increase children's toleration of real-life aggression? *Developmental Psychology, 10*, 418-421.

Huesmann, L. R. (2007). The impact of electronic media violence: Scientific theory and research. *Journal of Adolescent Health, 41*, S6-S13.

Huesmann, L. R., Moise-Titus, J., Podolski, C., & Eron, L. D. (2003). Longitudinal relations between children's exposure to TV violence and their aggressive and violent behavior in young adulthood: 1977-1992. *Developmental Psychology, 39*, 201-221.

Paik, H., & Comstock, G. (1994). The effects of television violence on antisocial behavior: A meta-analysis. *Communication Research, 21*, 516-546.

Rotter, J. B. (1966). Generalized expectancies of reinforcement. *Psychological Monographs, 80*.

Norem, J. K. (2002). The positive psychology of negative thinking. *Journal of Clinical Psychology, 58*, 993-1001.

Norem, J. K. (2008). Defensive pessimism, anxiety, and the complexity of evaluating self-regulation. *Social and Personality Psychology Compass, 2*, 121-134.

Norem, J. K., & Cantor, N. (1986a). Defensive pessimism: Harnessing anxiety as motivation. *Journal of Personality and Social Psychology, 51*, 1208-1217.

Norem, J. K., & Cantor, N. (1986b). Anticipatory and post hoc cushioning strategies: Optimism and defensive pessimism in "risky" situations. *Cognitive Therapy and Research, 10*, 347-362.

Norem, J. K., & Illingworth, K. S. S. (1993). Strategy-dependent effects of reflecting on self and tasks: Some implications of optimism and defensive pessimism. *Journal of Personality and Social Psychology, 65*, 822-835.

Seery, M. D., West, T. V., Weisbuch, M., & Blascovich, J. (2008). The effects of negative reflection for defensive pessimists: Dissipation or harnessing of threat? *Personality and Individual Differences, 45*, 515-520.

Seligman, M. E. P. (1975). *Helplessness: On depression, development and death.* New York: W. H. Freeman and Company.

Seligman, M. E. P. (1990). *Learned optimism.* New York: Arthur Pine Associates.
（セリグマン，M. E. P.　山村 宜子（訳）(1994).　オプティミストはなぜ成功するか　講談社）

清水 陽香・中島 健一郎 (2018).　防衛的悲観主義者は本当に自尊心が低いのか？——潜在的自尊心に着目した検討——　パーソナリティ研究, *27*, 21-30.

Weiner, B., Heckhausen, H., Meyer, W. U., & Cook, R. E. (1972).　Causal ascriptions and achievement behavior: A conceptual analysis of effort and reanalysis of locus of control. *Journal of Personality and Social Psychology, 21*, 239-248.

第5章

Allport, G. W. (1961). *Patterns and growth in personality.* Holt, Rinehart and Winston.
（オールポート，G. W.　今田 恵（監訳）(1968).　人格心理学（上・下）　誠信書房）

Bruner, J. S. (1990). *Acts of meaning.* Harvard University Press.
（ブルーナー，J. S.　岡本 夏木・仲渡 一美・吉村 啓子（訳）(1999).　意味の復権——フォークサイコロジーに向けて——　ミネルヴァ書房）

Crossley, M. L. (2000). *Introducing narrative psychology: Self, trauma and construction of meaning.* Open University Press.

榎本 博明 (1999).　〈私〉の心理学的探求——物語としての自己の視点から——　有斐閣

榎本 博明 (2002).　〈ほんとうの自分〉のつくり方——自己物語の心理学——　講談社

榎本 博明 (2005).　人生半ばの移行期におけるアイデンティティをめぐる問い　日本健康心理学会第18回大会発表論文集, 58.

榎本 博明 (2007).　自己物語から自己の発達をとらえるための枠組み　人間学研究, *5*, 1-17.

榎本 博明 (2008a).　語りを素材に自己をとらえる　榎本 博明・岡田 努（編）自己心理学1　自己心理学研究の歴史と方法（pp.104-128）　金子書房

榎本 博明 (2008b).　自己物語から自己の発達をとらえる　榎本 博明（編）自己心理学2　生涯発達心理学へのアプローチ（pp.62-81）　金子書房

榎本 博明 (2010).　意味志向性と自己実現——フランクル理論とマズロー理論再考——　自己心理学, *4*, 26-36.

Frank, A. W. (1995). *The wounded storyteller: Body, illness and ethics.* University of Chicago Press.
（フランク，A. W.　鈴木 智之（訳）(2002).　傷ついた物語の語り手——身体・病い・倫

理―― ゆみる出版）

Frankl, V. E. (1951). *Homo Patiens*. Versuch einer Pathodizee.

　　（フランクル，V. E.　真行寺 功（訳）（1972）．苦悩の存在論――ニヒリズムの根本問題
　　―― 新泉社）

Frankl, V. E. (1956). *Theorie und Therapie der Neurosen*. Wien: Urban & Schwarzenberg.

　　（フランクル，V. E.　宮本 忠雄・小田 晋（訳）（1961）．神経症（Ⅰ・Ⅱ）　みすず書房）

Hänninen, V. (2004). A model of narrative circulation. *Narrative Inquiry, 14*, 69-85.

Josselson, R. (2006). Narrative research and the challenge of accumulating knowledge. *Narrative Inquiry, 16*, 3-10.

Maslow, A. H. (1954). *Motivation and personality*. Harper & Row.

　　（マズロー，A. H.　小口 忠彦（監訳）（1971）．人間性の心理学――モチベーションと
　　パーソナリティ―― 産業能率大学出版社）

Maslow, A. H. (1962). *Toward a psychology of being*. D. Van Nostrand.

　　（マズロー，A. H.　上田 吉一（訳）（1964）．完全なる人間――魂のめざすもの―― 誠
　　信書房）

McAdams, D. P. (2006). The role of narrative in personality psychology today. *Narrative Inquiry, 16*, 11-18.

Rogers, C. R. (1951a). A theory of personality and behavior. In *Client-centered therapy*, pp.481-533. Houghton Mifflin.

　　（ロージァズ，C. R.　友田 不二男（訳）（1967）．パースナリティと行動についての一理
　　論　ロージァズ，C. R.　伊東 博（編訳）パースナリティ理論　ロージァズ全集8
　　（pp.89-162）岩崎学術出版社）

Rogers, C. R. (1951b). *Client-centered therapy: Its practice, implication, and therapy*. Houghton Mifflin.

　　（ロージァズ，C. R.　友田 不二男（編訳）（1966）．サイコセラピィ　岩崎学術出版社）

第6章

安藤 寿康（2000）．行動遺伝学的に見た性格の遺伝構造　日本性格心理学会発表論文集，*9*，S-6.

安藤 寿康（2009）．生命現象としてのパーソナリティ　榎本 博明・安藤 寿康・堀毛 一也
パーソナリティ心理学――人間科学，自然科学，社会科学のクロスロード――（pp.111-133）有斐閣

安藤 寿康・大野 裕（1998）．双生児法による性格の研究（1）――TCIによる気質と人格の
遺伝分析―― 日本性格心理学会発表論文集，*7*，28-29.

Ando, J., Ono, Y., Yoshimura, K., Onoda, N., Shimohara, M., Kanba, S., & Asai, M. (2002). The genetic structure of Cloninger's seven-factor model of temperament and character in a Japanese sample. *Journal of Personality, 70*, 583-609.

Ando, J., Suzuki, A., Yamagata, S., Kijima, N., Maekawa, H., Ono, Y., & Jang, K. L. (2004).

Genetic and environmental structure of Cloninger's temperament and character dimensions. *Journal of Personality Disorders, 18,* 379-393.

東 洋・柏木 惠子・ヘス，R. D.（1981）．母親の態度・行動と子どもの知的発達――日米比較研究―― 東京大学出版会

Bell, R. Q.（1968）．A reinterpretation of the direction of effect in studies of socialization. *Psychological Review, 75,* 81-95.

Benjamin, J., Patterson, C., Greenberg, B. D., Murphy, D. L., & Hamer, D. H.（1996）. Population and familial association between the D4 dopamine receptor gene and measures of novelty seeking. *Nature Genetics, 12,* 81-84.

Cloninger, C. R., Svrakic, D. M., & Przybeck, T. R.（1993）．A psychological model of temperament and character. *Archives of General Psychiatry, 50,* 975-990.

遠藤 毅（1981）．自己概念に関する研究 教育心理学会第 23 回総会発表論文集，420-421.

榎本 博明（2004）．パーソナリティの遺伝と環境 榎本 博明・桑原 知子（編著）新訂 人格心理学（pp.54-71） 放送大学教育振興会

Jensen, A. R.（1972）．*Genetics and education.* New York: Harper & Row.
　　（ジェンセン，A. R. 岩井 勇児（監訳）（1978）．IQ の遺伝と教育 黎明書房）

井上 健治（1979）．子どもの発達と環境 東京大学出版会

Katz, P., & Zigler, E.（1967）．Self-image disparity: A developmental approach. *Journal of Personality and Social Psychology, 5,* 186-195.

木村 敏（1972）．人と人との間――精神病理学的日本論―― 弘文堂

Lesch, K. P., Bengel, D., Heils, A., Sabol, S. Z., Greenberg, B. D., Petri, S., Benjamin, J., Müller, C. R., Hamer, D. H., & Murphy, D. L.（1996）．Association of anxiety-related traits with a polymorphism in the serotonin transporter gene regulatory region. *Science, 274,* 1527-1531.

村瀬 俊樹（2009）．1 歳半の子どもに対する絵本の読み聞かせ方および育児語の使用と母親の信念の関連性 社会文化論集：島根大学法文学部紀要社会文化学科編，*5,* 1-17.

大野 裕（2000）．うつと性格の遺伝学 日本性格心理学会発表論文集，*9,* S-7.

Plomin, R.（1990）．*Nature and nurture: An introduction to human behavioral genetics.* Belmont, CA: Thomson Brooks/Cole Publishing.
　　（プロミン，R. 安藤 寿康・大木 秀一（訳）（1994）．遺伝と環境――人間行動遺伝学入門―― 培風館）

Rohracher, H.（1956）．*Kleine Charakterkunde.* Wien-Innsbruck: Urban & Schwarzenberg.
　　（ローラッヘル，H. 宮本 忠雄（訳）（1966）．性格学入門 みすず書房）

Rosenbaum, A., & O'Leary, K. D.（1981）．Children: The unintended victims of marital violence. *American Journal of Orthopsychiatry, 51,* 692-699.

島 義弘・浦田 愛子（2014）．発達期待と養育態度が母親の読み聞かせの意義と認識と読み聞かせの方法に与える影響 鹿児島大学教育学部研究紀要，*65,* 125-133.

Stalling, M. C., Hewitt, J. K., Cloninger, C. R., Health, A. C., & Eaves, L. J.（1996）．Genetic and environmental structure of the Tridimensional Personality Questionnaire: Three or four temperament dimensions? *Journal of Personality and Social Psychology, 70,* 127-140.

スモーラー，J.（2002）．福西 勇夫・秋本 倫子（訳）精神科遺伝学　現代のエスプリ，423（pp.162-175）　至文堂

周防 諭・石浦 章一（1999）．性格と遺伝子　生物の化学 遺伝 別冊 No.11　脳・心・進化（pp.113-120）　裳華房

滝本 高広・岩崎 和彦（2002）．「遺伝子」から心を観る　現代のエスプリ，423（pp.92-103）　至文堂

Thomas, A., Chess, S., & Birch, H. G.（1970）．The origin of personality. *Scientific American, 233,* 102-109.

Tobin, J. J., Wu, D. Y. H., & Davidson, D. H.（1989）．*Preschool in three cultures: Japan, China and United States.* Yale University Press.

詫摩 武俊（1967）．性格はいかにつくられるか　岩波書店

和辻 哲郎（1935=1979）．風土――人間学的考察――　岩波書店

Zigler, E., Balla, D., & Watson, N.（1972）．Developmental and experimental determinants of self-image disparity in institutionalized and noninstitutionalized retarded and normal children. *Journal of Personaloty and Social Psychology, 23,* 81-87.

第 7 章

Baltes, P. B., Reese, H. W., & Lipsitt, L. P.（1980）．Life-span developmental psychology. *Annual Review of Psychology, 31,* 65-110.

Botwinick, J.（1973）．*Aging and behavior: A comprehensive integration of research findings.* Springer.

Bronson, W. C.（1966）．Central orientation: A study of behavior organization from childhood to adolescence. *Child Development, 37,* 125-155.

Bronson, W. C.（1967）．Adult derivatives of emotional expressiveness and reactivity-control: Developmental continuities from childhood to adulthood. *Child Development, 38,* 801-817.

Costa, P. T., & McCrae, R. R.（1988）．Personality in adulthood: A six-year longitudinal study of self-reports and spouse ratings on the NEO Personality Inventory. *Journal of Personality and Social Psychology, 54,* 853-863.

DeLongis, A., Coyne, J. C., Dakof, G., Folkman, S., & Lazarus, R. S.（1982）．Relationship of daily hassles, uplifts, and major life events to health status. *Health Psychology, 1,* 119-136.

土肥 伊都子（2011）．ジェンダーと自己　榎本 博明（編）自己心理学の最先端――自己の構造と機能を科学する――（pp.34-43）　あいり出版

榎本 博明（2003）．過去への態度に見られる年代差　日本社会心理学会第44回大会発表論文集，736-737.

榎本 博明（2004）．パーソナリティの遺伝と環境　榎本 博明・桑原 知子（編著）新訂 人格心理学（pp.54-71）　放送大学教育振興会

榎本 博明（2006）．高齢者の心理　家計経済研究, *70*, 28-37.

Field, D., & Millsap, R. E. (1991). Personality in advanced old age: Continuity or change? *Journal of Gerontology, 46*, 299-308.

Haan, N. (1985). Common personality dimensions or common organization across the life-span? In J. M. P. Munnichs, P. Mussen, E. Olbrich, & P. G. Coleman (Eds.), *Life-span and change in gerontological perspective* (pp.17-44). New York: Academic Press.

Haan, N., Millsap, R., & Hartka, E. (1986). As time goes by: Change and stability in personality over fifty years. *Psychology and Aging, 1*, 220-232.

星 薫（2002）．老年期の認知・記憶・知能　竹中 星郎・星 薫（編）老年期の心理と病理（pp.86-102）　放送大学教育振興会

Kagan, J., & Moss, H. A. (1962). *Birth to maturity: A study in psychological development.* New York: Wiley.

柏木 惠子（2013）．おとなが育つ条件——発達心理学から考える——　岩波書店

Lazarus, R. S., & DeLongis, A. (1983). Psychological stress and coping unaging. *American Psychologist, 38*, 245-254.

Leon, G. R., Gillum, B., Gillum, R., & Gouze, M. (1979). Personality stability and change over a 30-year period: Middle age to old age. *Journal of Consulting and Clinical Psychology, 47*, 517-524.

Livson, F. B. (1981). Paths to psychological health in the middle years: Sex differences. In D. N. Eichorn et al. (Eds.), *Past and present in the middle life* (pp.195-232). Academic Press.

長田 由紀子（1990）．老年期のパーソナリティと適応　長嶋 紀一・佐藤 清公（編）老人心理学（pp.69-95）　建帛社

Postema, L. J., & Schell, R. E. (1967). Aging and psychopathology: Some MMPI evidence for seemingly greater neurotic behavior. *Journal of Clinical Psychology, 23*, 140-143.

Schaie, K. W., & Parham, I. A. (1976). Stability of adult personality traits: Fact or fable? *Journal of Personality and Social Psychology, 34*, 146-158.

下仲 順子（1980）．老人における不安の特性　老年心理学研究, *6*, 61-72.

中里 克治・下仲 順子（1989）．成人前期から老年期にいたる不安の年齢変化　教育心理学研究, *37*, 172-178.

下仲 順子（1988）．老人と人格——自己概念の生涯発達プロセス——　川島書店

下仲 順子（1997）．人格と加齢　下仲 順子（編）老年心理学（pp.62-76）　培風館

Thomas, A., Chess, S., & Birch, H. G. (1970). The origin of personality. *Scientific American, 233*, 102-109.

第8章

Abbott, M. J., & Rapee, R. M. (2004). Post-event rumination and negative self-appraisal in social phobia before and after treatment. *Journal of Abnormal Psychology, 113*, 136-144.

相澤 直樹（2015）．社交不安に対する対人場面の解釈の偏りと自動思考の効果　心理学研究,

86, 200-208.

Amin, N., Foa, E. B., & Coles, M. E.（1998）. Negative interpretation bias in social phobia. *Behavior Research and Therapy, 36*, 945-957.

Ando, K.（1978）. Self-disclosure in the acquaintance process: Effects of affiliative tendency and sensitivity to rejection. *Japanese Psychological Research, 20*, 194-199.

Asmundson, G. J. G., & Stein, M. B.（1994）. Selective processing of social threat in patients with generalized social phobia: Evaluation using a dot-probe paradigm. *Journal of Anxiety Disorders, 8*, 107-117.

Bejerot, S., Eriksson, J. M., & Mörtberg, E.（2014）. Social anxiety in adult autism spectrum disorder. *Psychiatry Research, 220*, 705-707.

Buss, A. H.（1986）. *Social behavior and personality.* New Jersey: Lawrence Erlbaum Associates. （バス，A．H．大渕 憲一（監訳）（1991）．対人行動とパーソナリティ　北大路書房）

Cheek, J. M., Buss, A. H.（1981）. Shyness and sociability. *Journal of Personality and Social Psychology, 41*, 330-339.

Dusay, J. M.（1977）. *Egograms: How I see you and you see me.* Harper & Row. （デュセイ，J．M．新里 里春（訳）（1980）．エゴグラム──ひと目でわかる性格の自己診断──　創元社

榎本 博明（1990）．自己開示研究の展望（2）──自己開示の集団差──　中京大学教養論叢, *31*, 207-229.

榎本 博明（1991）．自己開示と自我同一性地位の関係について　中京大学教養論叢, *32*, 187-199.

榎本 博明（1997）．自己開示の心理学的研究　北大路書房

榎本 博明（2004）．パーソナリティの遺伝と環境　榎本 博明・桑原 知子（編著）新訂 人格心理学（pp.54-71）　放送大学教育振興会

榎本 博明（2018）．「対人不安」って何だろう？──友だちづきあいに疲れる心理──　筑摩書房

榎本 博明・林 洋一（1983）．中学生の生活意識（Ⅱ）　日本教育心理学会第25回総会発表論文集, 76-77.

榎本 博明・林 洋一・横井 優子（2001）．自己概念と対人不安（2）日本社会心理学会第42回大会発表論文集, 310-311.

Erikson, E. H.（1959）. *Identity and the life cycle.* New York: International University Press. （エリクソン，E．H．小此木 啓吾（訳編）（1973）．自我同一性──アイデンティティとライフ・サイクル──　誠信書房）

Freeth, M., Bullock, T., & Milne, E.（2013）. The distribution of and relationship between autistic traits and social anxiety in a UK student population. *Autism, 17*, 571-581.

Halverson, C. F., & Shore, R. E.（1969）. Self-disclosure and interpersonal functioning. *Journal of Consulting and Clinical Psychology, 33*, 213-217.

林 洋一・榎本 博明・鈴木 貢（1988）．児童期における友人関係の分析──自己開示を中心と

して―― 母子研究, *9*, 98-103.

Hirsch, C. R., & Clark, D. M.（2004）. Information-processing bias in social phobia. *Clinical Psychology Review, 24*, 799-825.

加藤 義明（1978）. 自己表出に関する研究II――性格特性との関係の補足的研究―― 東京都立大学人文学報, *125*, 91-102.

Kitazoe, N., Inoue, S., Izumoto, Y., Kumagai, N., Terada, S., & Fujita, N.（2014）. Association between autistic traits and social anxiety among Japanese university students. *International Journal of Disability and Human Development, 13*, 63-69.

Lennox, R. D., & Wolfe, R. N.（1984）. Revision of the self-monitoring scale. *Journal of Personality and Social Psychology, 46*, 1349-1364.

Liew, S. M., Thevaraja, N., Hong, R. Y., & Magiati, I.（2015）. The relationship between autistic traits and social anxiety, worry, obsessive-compulsive, and depressive symptoms: Specific and non-specific mediators in a student sample. *Journal of Autism and Developmental Disorders, 45*, 858-872.

Marcia, I. E.（1966）. Development and validation of Ego-Identity Status. *Journal of Personality and Social Psychology, 3*, 551-558.

武藤 由佳・箭本 佳己・品田 笑子・河村 茂雄（2012）. 大学生における学校生活満足感と精神的健康との関連の検討 カウンセリング研究, *46*, 1349-1364.

Orlofsky, J. L., Marcia, J. E., & Lesser, I. M.（1973）. Ego identity status and the intimacy versus isolation crisis of young adulthood. *Journal of Personality and Social Psychology, 27*, 211-219.

龍 祐吉・小川内 哲生・河野 順子（2013）. 学業的延引行動とエゴグラムの自我状態との関係 日本教育心理学会第55回総会発表論文集, 377.

Schlenker, B. R., & Leary, M. R.（1982）. Social anxiety and self-presentation: A conceptualization and model. *Psychological Bulletin, 92*, 641-669.

Snell, Jr. W. E., Miller, R. S., & Belk, S. S.（1988）. Development of the emotional self-disclosure scale. *Sex Roles, 18*, 59-73.

Snell, Jr. W. E., Miller, R. S., Belk, S. S., Garcia-Falconi, R., & Hernandez-Sanchez, J.（1989）. Men's and women's emotional disclosures: The impact of disclosure recipient, culture, and the masculine role. *Sex Roles, 21*, 467-486.

Snyder, M.（1974）. The self-monitoring of expressive behavior. *Journal of Personality and Social Psychology, 30*, 526-537.

Spain, D., Sin, J., Lindera, K. B., McMahon, J., & Happe, E.（2018）. Social anxiety in autism spectrum disorder: A systematic review. *Research in Autism Spectrum Disorders, 52*, 51-68.

Stopa, L., & Clark, D. M.（2000）. Social phobia and interpretation of social events. *Behavioral Research and Therapy, 38*, 273-283.

Tibi-Elhanany, Y., & Shamay-Tsoory, S. G.（2011）. Social cognition in social anxiety: First evidence for increased empathic abilities. *The Israel Journal of Psychiatry and Related*

Sciences, 48, 98-106.

東京大学医学部心療内科 TEG 研究会（編）（2002）．新版 TEG——解説とエゴグラム・パターン—— 金子書房

Tuckman, B. W.（1966）. Interpersonal probing and revealing and systems of integrative complexity. *Journal of Personality and Social Psychology, 3*, 655-664.

Vela, E. M., & Betz, N. E.（1992）. Relationships of self-regard and affective self-disclosure to relationship satisfaction in college students. *Journal of College Student Development, 33*, 422-430.

横井 優子・榎本 博明（2002）．過去への態度と対人不安意識 日本性格心理学会大会発表論文集, *11*, 50-51.

第9章

Banaji, M. R., Hardin, C., & Rothman, A. J.（1993）. Implicit stereotyping in person judgment. *Journal of Personality and Social Psychology, 65*, 272-281.

Bruner, J. S., & Tagiuri, R.（1954）. Person perception. In G. Lindzey（Ed.）, *Handbook of social psychology*. Vol.2（pp.634-654）. Cambridge, MA: Addison-Wesley.

Carpenter, S. L.（1988）. Self-relevance and goal-directed processing in the recall and weighting of information about others. *Journal of Experimental Social Psychology, 24*, 310-332.

Cohen, C. E.（1981）. Person categories and social perception: Testing some boundaries of the processing effect of prior knowledge. *Journal of Personality and Social Psychology, 40*, 441-452.

Dornbusch, S. M., Hastorf, A. H., Richardson, S. A., Muzzy, R. E., & Vreeland, R. S.（1965）. The perceiver and perceived: Their relative influence on categories of interpersonal perception. *Journal of Personality and Social Psychology, 1*, 434-440.

Fong, G. T., & Markus, H.（1982）. Self-schemas and judgments about others. *Social Cognition, 1*, 191-204.

Fernandez-Ballesteros, R., Bustillos, A., & Huici, C.（2015）. Positive perception of aging and performance in a memory task: Compensating for stereotype threat? *Experimental Aging Research, 41*, 410-425.

Hastorf, A. H., Schneider, D. J., & Polefka, J.（1970）. *Person perception*. Addison-Wesley Publishing.
（ハストーフ, A. H.・シュネイダー, D. J.・ポルフカ, J. 高橋 雅春（訳）（1978）．対人知覚の心理学 誠信書房）

Hamill, R.（1980）. *Selective influences of the self on social perception and memory*. Unpublished dissertation, University of Michigan.（Markus, H., & Sentis, K., 1982 より）

林 文俊（1978）．対人認知構造の基本次元についての一考察 名古屋大学教育学部紀要, *25*, 233-247.

Levy, B.（2003）. Mind matters: Cognitive and physical effects of aging self-stereotype. *Journal* of Gerontology, Series B: Psychological Sciences and Social Sciences, 58, 203-211.

Markus, H. (1977). Self-schemata and processing information about the self. *Child Development*, 49, 1247-1250.

Markus, H., & Sentis, K. (1982). The self in social information processing. In J. Suls (Ed.), *Psychological perspectives on the self*. Vol.1 (pp.41-70). Hillsdale, NJ: Lawrence Erlbaum.

McGarty, C., Yzerbyt, V. Y., & Spears, R. (2002). *Stereotypes as explanations*. Cambridge University Press.
（マクガーティ，C.・イゼルビット，V. Y.・スピアーズ，R. 国広 陽子（監修）有馬 明恵・山下 玲子（監訳）(2007). ステレオタイプとは何か――「固定観念」から「世界 を理解する "説明力"」へ―― 明石書店）

大橋 正夫・平林 進・長戸 啓子・吉田 俊和・佐伯 道治（1975). 性格の印象評定における面 接法と質問紙法 名古屋大学教育学部紀要, 22, 83-102.

Park, J., & Banaji, M. R. (2000). Mood and heuristics: The influence of happy and sad states on sensitivity and bias in stereotyping. *Journal of Personality and Social Psychology*, 78, 1005-1023.

Rosenberg, S., Nelson, C., & Vivekananthan, P. (1968). A multidimensional approach to the structure of personality impressions. *Journal of Personality and Social Psychology*, 9, 283-294.

Thibaut, J. W., & Kelley, H. H. (1959). *The social psychology of groups*. New York: Wiley.

外山 みどり（2000). 帰属理論から見たパーソナリティ 詫摩 武俊・鈴木 乙史・清水 弘司・ 松井 豊（編）性格の理論 ブレーン出版

Unkelbach, C., Forgas, J. P., & Denson, T. F. (2008). The turban effect: The influence of Muslim headgear and induced affect on aggressive responses in the shooter bias paradigm. *Journal of Experimental Social Psychology*, 44, 1409-1413.

第10章

Allport, G. W. (1961). *Patterns and growth in personality*. Holt Rinehart and Winston.
（オールポート, G. W. 今田 恵（監訳）(1968). 人格心理学（上・下） 誠信書房）

American Psychiatric Association. (2013). *Desk reference to the diagnostic criteria from DSM-5*. Arlington, VA: American Psychiatric Publishing, A Division of American Psychiatric Association.
（アメリカ精神医学会 髙橋 三郎・大野 裕（監訳）(2014). DSM-5 精神疾患の分類と 診断の手引 医学書院）

Bender, D. S., Farber, B. A., & Geller, J. D. (2001). Cluster B personality traits and attachment. *Journal of the American Academy of Psychoanalysis and Dynamic Psychiatry*, 29, 551-563.

Brennan, K. A., & Shaver, P. R. (1998). Attachment styles and personality disorders: Their connections to each other and to parental divorce, parental death, and perceptions of parental caregiving. *Journal of Personality*, 66, 835-878.

榎本 博明（1984）．精神的健康に関する考察（1）　川村短期大学研究紀要，*4*，85-98．

榎本 博明（2000）．性格の健康性　榎本 博明・飯野 晴美・藤森 進（編著）サイコロジー──こころの発達と教育──（pp.150-159）　北大路書房

榎本 博明（2010）．意味志向性と自己実現──フランクル理論とマズロー理論再考──　自己心理学，*4*，26-36．

榎本 博明（2012）．病的に自分が好きな人　幻冬舎

Frankl, V. E.（1951）．*Homo Patiens*. Versuch einer Pathodizee.

　（フランクル，V. E.　真行寺 功（訳）（1972）．苦悩の存在論──ニヒリズムの根本問題──　新泉社）

Frankl, V. E.（1969）．*The will to meaning*. New York: New American Library.

　（フランクル，V. E.　大沢 博（訳）（1979）．意味への意志──ロゴセラピイの基礎と適用──　ブレーン出版）

Gabbard, G. O.（1989）．Two subtypes of narcissistic personality disorder. *Bulletin of Menninger Clinic, 53,* 527-532.

Gabbard, G. O.（1994）．*Psychodynamic personality in clinical practice: The DSM-IV edition*. Washington, D. C.: American Psychiatric Press.

　（ギャバード，G. O.　舘 哲朗（監訳）（1997）．精神力動的精神医学──その臨床実践〔DSM-IV版〕3 臨床編：II軸障害──　岩崎学術出版社）

Linum, L., Wilberg, T., & Karterud, S.（2008）．Self-esteem in patients with borderline and avoidant personality disorders. *Scandinavian Journal of Psychology, 49,* 469-477.

Maslow, A. H.（1954）．*Motivation and personality*. Harper & Row.

　（マズロー，A. H.　小口 忠彦（監訳）（1971）．人間性の心理学──モチベーションとパーソナリティ──　産業能率大学出版社）

Mikulincer, M., & Shaver, P. R.（2012）．An attachment perspective on psychopathology. *World Psychiatry, 11,* 11-15.

Miller, J. D., Hoffman, B. J., Gaughan, E. T., Gentile, B., Maples, J., & Campbell, W. K.（2011）．Grandiose and vulnerable narcissism: A nomological network analysis. *Journal of Personality, 79,* 1013-1042.

Murray, H. A.（1938）．*Explorations in personality*. Oxford University Press.

　（マァレー，H. A.　外林 大作（訳編）（1952）．パーソナリティ I　誠信書房）

大野 裕（1998）．人格障害　詫摩 武俊（監修）性格心理学ハンドブック（pp.189-199）　福村出版

Rogers, C. R.（1957）．The necessary and sufficient conditions of therapeutic personality change. *Journal of Consulting Psychology, 21,* 95-103.

　（ロージァズ，C. R.　伊東 博（編訳）（1966）．パースナリティ変化の必要にして十分な条件　ロージァズ全集4　サイコセラピイの過程（pp.117-139）　岩崎学術出版社）

Rogers, C. R.（1963）．The actualizing tendency in relation to "motives" and to consciousness. In M. R. Jones（Ed.），*Nebraska Symposium on Motivation*（pp.1-24）．Lincoln: University of

Nebraska Press.

　　（ロージァズ，C. R. 村山 正治（編訳）（1967）．動機および意識との関連からみた実現
　　傾向　ロージァズ全集 12　人間論（pp.397-427）　岩崎学術出版社）

Schneider, K. (1943). *Die Psychopatischen Personlichkeiten.* Franz Deutike.

　　（シュナイダー，K. 懸田 克躬・鰭崎 轍（訳）（1954）．精神病質人格　みすず書房）

Walker, A. M., Rablen, R. A., & Rogers, C. R. (1960). Development of a scale to measure
　　process changes in psychotherapy. *Journal of Clinical Psychology, 16*, 79-85.

　　（ウォーカー，A. M.・ラブレン，R. A.・ロージァズ，C. R. 伊東 博（編訳）（1966）．
　　サイコセラピィにおけるプロセスの変化を測定するスケールの発展　ロージァズ全集 4
　　サイコセラピィの過程（pp.233-245）　岩崎学術出版社）

Watson, D. C. (1998). The relationship of self-esteem, locus of control, and dimensional models
　　to personality disorders. *Journal of Social Behavior and Personality, 13*, 399-420.

第 11 章

東 洋（1994）．日本人のしつけと教育——発達の日米比較にもとづいて——　東京大学出版
　　会

Benedict, R. (1934). *Patterns of culture.* New York: Houghton Mifflin.

　　（ベネディクト，R. 米山 俊直（訳）（1973）．文化の型　社会思想社）

榎本 博明（1987）．自己開放性と適応——仮面と自己をめぐって——　島田 一男（監修）講
　　座：人間関係の心理　第 6 巻　性格と人間関係（pp.89-121）　ブレーン出版

榎本 博明（2012）．「すみません」の国　日本経済新聞出版社

榎本 博明（2016）．「みっともない」と日本人　日本経済新聞出版社

榎本 博明（2017）．「間柄の文化」という概念をめぐる考察　自己心理学, *7*, 23-41.

Fromm, E. (1941). *Escape from freedom.* Holt, Rinehart & Winston.

　　（フロム，E. 日高 六郎（訳）（1951）．自由からの逃走　東京創元社）

芳賀 綏（2007）．日本語の社会心理　人間の科学社

浜口 恵俊（1980）．日本人の人間観・対人関係観　祖父江 孝男（編）日本人の構造（pp.25-
　　48）　至文堂

星野 命（1980）．「文化とパーソナリティ」研究の系譜　サイコロジー No.8（pp.24-33, 57）
　　サイエンス社

Hsu, F. L. K. (1961). Psychological anthropology in the behavioral science. In F. L. K. Hsu
　　(Ed.), *Psychological anthropology: Approaches to culture and personality.* The Dorsey Press.

Hsu, F. L. K. (1971). Psychological homeostasis and JEN: Conceptual tools for advancing
　　psychological anthropology. *American Anthropologist, 73*, 23-44.

Kardiner, A. (1939). *The individual and his society: The psychodynamics of primitive social
　　organization.* Columbia University Press.

木村 敏（1972）．人と人との間——精神病理学的日本論——　弘文堂

北山 忍（1998）．自己と感情——文化心理学による問いかけ——　共立出版

Linton, R.（1945）. *The cultural background of personality.* Appleton Century Crofts.

　　（リントン，R. 清水 幾太郎・犬養 康彦（訳）（1952）. 文化人類学入門　創元社）

Markus, H. R., & Kitayama, S.（1991）. Culture and the self: Implications for cognition, emotion, and motivation. *Psychological Review, 98,* 224-253.

Mead, M.（1930）. *Coming of age in Samoa.* New York: Morrow.

　　（ミード，M. 畑中 幸子・山本 真鳥（訳）（1976）. サモアの思春期　蒼樹書房）

Mead, M.（1949）. *Male and female.* Harper Perennial.

　　（ミード，M. 田中 寿美子・加藤 秀俊（訳）（1961）. 男性と女性――移りゆく世界における両性の研究――（上・下）　東京創元社

Miyamoto, M.（1985）. Parents' and children's beliefs and children's achievement and development. In R. Diaz-Guerrero（Ed.）, *Cross-cultural and national studies in social psychology.* North-Holland: Elsevier Science Publishers.

野村 昭（1979）. モーダル・パーソナリティの形成過程と概念検討――国民性を中心として―― 星野 命（編）人間探求の社会心理学4　人間と文化（pp.96-117）　朝倉書店

Snyder, M. L., Stephan, W. G., & Rosenfield, D.（1976）. Egotism and attribution. *Journal of Personality and Social Psychology, 33,* 435-441.

祖父江 孝男（1976）. 文化人類学のすすめ　講談社

祖父江 孝男（1980）. 日本人の構造――心理人類学的共同研究――　祖父江 孝男（編）日本人の構造（pp.5-24）　至文堂

Yamauchi, H.（1988）. Effects of actor's and observer's roles on causal attributions by Japanese subjects for success and failure in competitive situation. *Psychological Reports, 63,* 619-626.

第12章

Allport, G. W.（1961）. *Patterns and growth in personality.* Holt Rinehart and Winston.

　　（オールポート，G. W. 今田 恵（監訳）（1968）. 人格心理学（上・下）　誠信書房）

桑原 知子（2004）. 心理アセスメント2　榎本 博明・桑原 知子（編著）新訂 人格心理学（pp.208-217）　放送大学教育振興会

日本 MMPI 研究会（1973）. 日本版 MMPI ハンドブック　三京房

日本・精神技術研究所（編）（1975）. 内田クレペリン精神検査・基礎テキスト　日本・精神技術研究所

Costa, P. T. Jr., & McCrae, R. R.（1985）. *The NEO Personality Inventory manual.* Odessa, FL: Psychological Assessment Resources.

下仲 順子・中里 克治・権藤 恭之・高山 緑（1999）. 日本版 NEO-PI-R，NEO-FFI 使用マニュアル　東京心理

瀧本 孝雄（2000）. 内田クレペリン精神検査　詫摩 武俊・鈴木 乙史・清水 弘司・松井 豊（編）性格の測定と評価　ブレーン出版

八木 俊夫（1991）. YG 性格検査――YG テストの実務応用的診断法――　日本心理技術研究所

山中 康裕・山下 一夫（編）(1988)．臨床心理テスト入門──子どもの心にアプローチする
　　── 東山書房

人名索引

事 項 索 引

著者略歴

榎本　博明
えのもと　ひろあき

1979 年　東京大学教育学部教育心理学科卒業

1983 年　東京都立大学大学院心理学専攻博士課程中退

1992 年〜93 年　カリフォルニア大学客員研究員

　　　　　大阪大学大学院助教授，名城大学大学院教授等を経て

現　在　MP 人間科学研究所代表

　　　　　産業能率大学兼任講師　博士（心理学）

主要著書

『「自己」の心理学——自分探しへの誘い』サイエンス社，1998

『〈私〉の心理学的探究——物語としての自己の視点から』有斐閣，1999

『〈ほんとうの自分〉のつくり方——自己物語の心理学』講談社現代新書，2002

『自己心理学 1〜6』（シリーズ共監修）金子書房，2008-09

『「上から目線」の構造』日本経済新聞出版社，2011

『「すみません」の国』日本経済新聞出版社，2012

『「やりたい仕事」病』日本経済新聞出版社，2012

『はじめてふれる心理学［第 2 版］』サイエンス社，2013

『「やさしさ」過剰社会』PHP 新書，2016

『自己実現という罠』平凡社新書，2018

『はじめてふれる人間関係の心理学』サイエンス社，2018

『はじめてふれる産業・組織心理学』サイエンス社，2019

ライブラリ わかりやすい心理学＝6

わかりやすいパーソナリティ心理学

2020 年 4 月 10 日 ⓒ　　　　　　　初 版 発 行

著　者　榎本博明　　　　発行者　森平敏孝
　　　　　　　　　　　　印刷者　中澤　眞
　　　　　　　　　　　　製本者　米良孝司

発行所　　株式会社　サイエンス社

〒151-0051　東京都渋谷区千駄ヶ谷 1 丁目 3 番 25 号
営業 TEL　(03)5474-8500(代)　　振替 00170-7-2387
編集 TEL　(03)5474-8700(代)
FAX　　　(03)5474-8900

組版　ケイ・アイ・エス
印刷　㈱シナノ　　　　製本　ブックアート
《検印省略》

サイエンス社のホームページのご案内
https://www.saiensu.co.jp
ご意見・ご要望は
jinbun@saiensu.co.jp　まで.

ISBN978-4-7819-1467-1

PRINTED IN JAPAN

はじめてふれる
心 理 学
［第2版］

榎本博明 著
A5判・280ページ・本体 1,850 円（税抜き）

本書は，はじめてふれる方にわかりやすいと好評の，心理学入門書の改訂版です．心理学の知識を読者自身が自分や周りの他人と関連づけて理解できるよう，できるだけ身近な話題を選んで解説しています．改訂に際しては，心理学の生き生きとした魅力を伝えられるよう，初版刊行以降の新しい研究成果を盛り込みました．図版・イラストをふんだんに用いて完全見開き形式とし，視覚的にも理解しやすいよう工夫を凝らしています．2色刷．

サイエンス社

はじめてふれる 人間関係の心理学

榎本博明 著
A5判・256 ページ・本体 2,300 円（税抜き）

ますます複雑化していく現代社会においては，人間関係を円滑に運ぶことが求められている一方で，それがうまくいかずに悩んでいる人も少なくないのではないでしょうか．本書は，そのような誰もが避けては通れない人間関係について，これまでに得られた心理学的知見を，身近な例を用いてさまざまな面から考察します．はじめてまなぼうとする方，人間関係の問題を改善したい方におすすめの一冊です．見開き形式・2 色刷．

サイエンス社

はじめてふれる
産業・組織心理学

榎本博明　著
A5判・272ページ・本体 2,400 円（税抜き）

本書は，はじめて学ぶ人のために産業・組織心理学の基本事項を平易に解説した入門書です．産業・組織心理学の歴史を簡単に展望するとともに，各個別領域の基本的な知見，さらには最新の知見についても，初学者にも理解しやすいように解き明かしています．大学の講義で学ぶ方，通信教育で独習される方，また，ビジネス場面で活動されている方でも気軽に読み進められるようになっています．

【主要目次】

サイエンス社